防護魔法
全書

化解負能量、厄運、小人！

讓你常保神清氣爽、消災解難的100多種日常魔法

艾琳・墨菲-希斯考克（Arin Murphy-Hiscock）／著　謝汝萱／譯

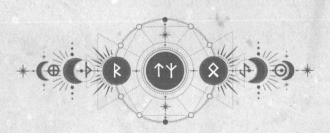

PROTECTION SPELLS

推薦序一

　　身為一個現代女巫，而且正在參與人類文明與科技的一個新階段，當然也包括新疾病與經濟戰爭所侵略新時代，我真心覺得此書對於每一個人都是重要的。

　　其實這次的新冠肺炎所造成的災情，真的讓人有黑暗歐洲時期的既視感，人心惶惶，很多人的生計都受到了影響，生命受到了威脅，此時並不是用著人定勝天的心情來看待這一切，而是必須接受更超越的能量，窮盡自己的能力，謙卑領受宇宙安排；不再盲目驕傲，而是尊重起源。

　　書中有非常多的儀式，在執行儀式時，我們會更看清自己的位置，以及真正渴望的事物，儀式在外人看來或許是祈求神靈，但其實對我們而言，更重要的是提升自己的內在覺知，覺察內心與環境，覺察機會與威脅，有著更好的判斷力的能量，可以趨吉避凶，更重要的，是掌握自己的生活，遠離行屍走肉的麻痺人生。

YOYO 心靈角落創辦人／YOYO

推薦序二

　　祈求庇護，可以說是最為古老且強烈的心靈需求，為此，在原初的咒術行為之中，我們最常見到的程序，就是為自己或親密的人、為自身擁有的物品、為所居住的房屋帶來防護的咒術工作。而本書為我們詳細探究防護魔法的各種應用與技巧，讓我們在面對每一種需要防護的情境時，都可以找到適合的方式，來協助自身與周遭的人事地物，透過放逐、淨化與祝福的魔法程序，避除極端、偏差與僵化的意志與力量所產生的誤導與傷害，使我們得以回歸到自身的安穩根基，在圓滿與完整的平衡運行之中，蘊養自身的能量、開展自身的意志與願景。

一個台灣巫師的影子書／丹德萊恩

目　錄

PART 3 儀式與保護性物件

第六章 儀式　179

第七章 保護屬性的物品　188

前 言

　　無論你是想在這個充滿壓力的世上保護自己的情感幸福、加強自信，還是尋找慰藉，防護魔法都幫得上忙。缺乏安全感會使你的情感狀態緊繃，奪走你的精力，但本書中的魔法能讓你感覺更安穩舒適，療癒你的身心。

　　施作魔法能協助你感覺更安心，保護你的正能量，它帶來的舒適感能讓你放鬆，活出生命的完整潛能。它也能幫助你將同樣的舒適感帶給家人、朋友，保護你的所有物。

　　如果你想加強自我防禦的能力，如果你有興趣掌握保護自身能量與身體的能力，那麼施作魔法是一大助力。如果你從未施作過魔法，別擔心；本書的目的正是要介紹施作魔法的概念與方法。這些魔法大多不需要別的，只需要你，加上一點創意想像的能力就夠了。使用本書的你，完全不需要是施法專家，不必對魔法熟門熟路！這裡的魔法都很簡單，本書的用意是提供讀者自行施作簡單魔法所需的知識與工具。舉例來說：

● PART 1 討論如何在現代世界中施作魔法，探討何謂法術、魔法如何運作，還有一些施法的基本要點，了解這些將會對你的起步很有用。

● PART 2 是魔法大全，聚焦於分門別類的防禦與保護魔法，其要點是效果快、好施展，而且老少咸宜。

● PART 3 提出三套完整的保護儀式供各位探索：保護家庭的儀式、保護物件的儀式、保護人的儀式。各節列出施作保護魔法時，你可能會用到的水晶、寶石、藥草、象徵符號等原料或成分，以及這些原料或成分的不同用法。

本書的核心是保護與防禦魔法的快速參考指南，書中囊括許多現成的魔法，但我真心希望各位能以此為基礎，進一步開發屬於自己的魔法，親自製作，針對自己的目標，建立自己的聯想，使用自己的配備與原料。施展魔法充分保護自己和所愛之人的生命，你就能更自由、更安穩、更喜樂地生活。我們一起踏上旅程吧！

謹將本書獻給捍衛、保護，並為正道奮鬥的「自由刺繡」(*Liberal Stitches*) 團體。感謝你們這群女性如此出色，也感謝你們在我需要時支持我、讚賞我。雖然「來日小聚女巫會」(*Coven of Let's Hang Out Sometime*) 的會員散布在不同大陸，但我的心永遠與你們同在。

PART

1

法術

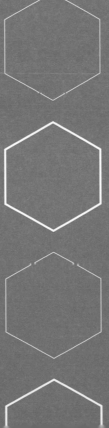

第一章
法術介紹

何謂法術（spellcraft）？法術是一種藝術，指的是你運用能量來調和你的世界，讓自己與周圍的能量同調，並與那些能量合力締造出有益的成果。重要的是，施法不是宗教活動，反而是一種運用能量來啟動某種改變的方法。施展魔法來保護並捍衛自己、你關心的人及生活中的各個領域，可以幫助你過著健全的生活。保護魔法有助於減少你平日必須處理的壓力，以魔法維繫能量也有利於你的情感與身體健康。法術不僅能協助你獲得上述功效，還有更多好處。

何謂魔法?

魔法 (spell) 是你帶著意念與覺知,在某個層次創造改變的行為,其運作原則是:萬物都以能量連結。要施展魔法,就要在物理世界執行一連串象徵動作,以啟動不同層次的變化。魔法藉由引進新類型的能量,或重新分配既有的能量,而可望影響某個情況。

當施展魔法時,你發揮著促成變化的中介功能;你主動召喚資源聚集並指引能量。施展魔法時,也代表你承認自己的行動要為造成的變化負責。啟動改變的是你的意圖,無論後來的結果如何,都是你的責任所在(更多這方面的說明,請見本章的「倫理」一節)。

施法前的注意事項

法術的用意是改善你的生活。然而,如果你期待利用施法來避免外在勞動,那你就得要準備面對當頭棒喝了。法術需要你付出心力、思維、能量、專注力。如果期待一彈指就能立刻產生改變,朝你心中的目標前進,這是天方夜譚。法術是一種轉化過程,牽動著身為施法者的你,也牽動著你的目標與目標所在的環境。你的能量與努力必須畫上等號,才顯現得出成果。因此要達成目標,你還是要實際行動,只是你將更能掌控會發生哪些事,以及如何發生。

魔法如何運作?

世間萬物都擁有某種能量,情勢亦然。所有能量皆彼此連結,創造出網絡般的關係。你希望以魔法影響某個情勢時,會撼動那個地點

的能量。那股撑動牽一髮而動全身，整個網絡都會為之振動，當每個魔法能量來到它欲修改的點時，能量場都會掀起若干漣漪。世界上充滿了連接著每個人、每樣事物的無數能量，這就是你能朝目標傳送某些能量，或將某些能量拉向自己的原因。

你是魔法中至關緊要的一環

魔法是如何驅動的？魔法不同於化學與烹飪的地方在於，法術中有你、你的意志、你的意圖存在。你是促成改變的中間代理人。你的行動刺激了能量。你的意志決定著能量的運動。你的意圖引導它履行你所希望看見的變化。

魔法會當場見效嗎？不會。施法以後，你要做的是保持信心，相信你渴望的轉變已經展開，不久事情就會迎刃而解。接著你應該監督並留意變化。變化不一定在何時來到，很有可能在潛移默化中，有一天你會發現事情已經不同，卻不確定是從何時開始的；它已經成為全新的常態。顯而易見的戲劇性變化，其實少之又少。

防護魔法

在近十年的沉寂之後，近來人們對形而上的興趣又重新升高。由於生活中不斷受到新聞與資訊的連番轟炸，壓力與日俱增，人們開始設法讓心平靜下來，希望為捍衛世間的良善與正義盡一份心力。防護魔法就是你能盡這份心力的一個方法。

✦ 防禦黑魔法？

防禦怪物與黑魔法聽起來戲劇性十足，但你在日常生活中其實不會頻繁遇見這類情況。主動對你使用攻擊性魔法或刻意施加靈力攻擊的情況，其實極為罕見。

然而，世上**確實**有諸多負能量。仇恨、恐懼、憤怒——沒有人躲得過。如果你對能量敏感，那股負能量確實會影響你，甚至對身體健康帶來有害的效應使你生病。就算你對能量不敏感，那股負能量仍會影響你，吸走你的能量，讓你感覺疲憊、暴躁、無來由地精疲力竭。

保護有幾個面向。你可以保護某物不受大環境的負力影響。你可以保護某物或某人不受特定的危險侵襲。你可以防禦刻意的或環境的攻擊。你可以在人、地、物周圍建立正能量場域，保護其不受負力影響，最重要的或許是，你可以持續維持一定程度的防禦，因為預防是最好的藥物。

✦ 何時需要防護？

每個人都能多下一些功夫進行防護，因為安全無比重要。但在感覺特別脆弱的時候，你也許更想加強防護。

你是否正體驗著厄運當頭的感覺？你是否正在無以名狀的感受或不適下覺得心力交瘁？或是夢境特別栩栩如生，令人心神不寧？這些都是徵兆，表示負力正在干擾你的個人能量或你運作的空間。

開始施展魔法時，你將更能意識到不同能量，這樣的情形並不少見。畢竟，法術是關於運用能量，你愈常運用能量，就愈能感受、解讀、移動能量。你的新覺知能讓你感覺到自己的感官接受力全開，甚至令你不堪負荷。這時請不要以為自己遭到了某種攻擊，你只是正在過濾自己收到的所有新資訊。

以下的技巧能幫助你適應這種全新的覺知感受：

● 練習歸於中心，使能量接地（見第二章）。

● 多待在戶外。

● 多活動身體能協助你專注於自己的身體，平衡這種新的能量覺知。

● 照顧好自己。吃健康的食物、喝足量的水、獲得充分的睡眠，還要冥想。

● 準備日誌。寫下你的一切體驗，持續追蹤法術的近況，觀察事物之間有無任何關聯性。

● 定期進行魔法儀式來淨化自己及生活空間，降低能量的干擾。

● 對自己與所有過程保持耐心。

保持覺知

法術影響著施作者，也影響著施法術的對象。施展魔法能提升你對能量的感知與意識，促使你每日保持警覺。

有時法術只是提升你對潛在危險的覺知；那種覺察讓你能探知所在環境的能量，提升你的專注力，讓你在問題變得嚴重前察覺出來。這正是保護的關鍵所在：在問題尚在滋長階段，還未醞釀成問題之前，便有所察覺。在問題尚在發展階段時動手處理，要比大事不妙時再來處理要容易。

在日常生活中，對各種情況、環境、人的能量產生覺知，就是你的最佳防禦之道。提升覺知能在情況有可能但尚未實際惡化之前給你警訊，協助你在負能量降臨之前脫身，或祈求強力保護。

✦ 直覺

有時你就是有種莫名的感覺，彷彿有什麼事不對勁。或你突然心血來潮，想走另一條路去上班，卻說不出清楚的原因。那就是你的直覺在運作。

直覺是你的身或心收到資訊時，在有意無意間產生的本能刺激。還記得前文提到的能量網絡嗎？能量帶有資訊，你就是因此而能以魔法影響另一處的情況。反之亦然：能量形式的資訊也會由此來到你身邊。你的意識心智通常會被不計其數的其他事物占據，因此解讀這股能量往往是在潛意識進行。

信任你的直覺。它有助於保護你的安全。直覺是另一個層次的覺知，有助於為你的魔法帶來相關能量。要記得，保護的根源多半是為了預防。聆聽並信任你的直覺，能協助避開安全可能遭受威脅的情勢。

倫理

　　倫理是施法時最需要考量的一個關鍵元素──尤其是你的魔法聚焦在他人身上的倫理問題。整體而言，要施加效應的人是**你**。你是擁有最多掌控力的人，也是允許自己施法的那個人。

　　如果你想以**魔法**改善的情況，牽涉到問題重重的某個人，那你要改變的仍應該是那個**情況**，而非那個人。那麼運用**魔法**來進一步保護從事危險工作的配偶又該如何？再重複一次，你可以改善那個情況。但是，如果你就是特別想保護那個人呢？

　　如果沒有對方的允許，你施加在對方身上的魔法是不會產生作用的。請開口詢問！這不過是尊重的問題。你不會連問都不問，就逕自為別人穿戴全套盔甲或曲棍球裝備吧？**魔法**也是一樣。如果你覺得很尷尬，可以簡單地問：「嘿，我擔心你〔某個特殊情況〕。你介意我稍微使用靈力，保護你的安全嗎？」如果他們心胸開放，你們甚至可以討論要採用哪種方法進行。比方說，他們喜歡身上帶著能量石嗎？

　　如果他們說不，你要怎麼辦？你可以多加說明；他們可能需要你提出更清楚的解釋，才能了解你的提議為何。如果答案依舊，那你就面臨了異常艱難的選項。你要不就是遵從他們的意願……要不就是依照原訂計畫施展魔法。

　　此事非同小可，不能輕易下決定。如果你決定對不同意你施法的對象施展魔法，那你不僅要承擔施法結果的責任，也要為你有違他人心意而決定施法負責。這個業力負擔並不小。

　　你必須萬分小心地權衡情況。你深怕友人性命不保嗎？情況有嚴重到應該任你一意孤行嗎？如果沒有到那個地步，那你可能不應該涉身其中。

試試另一個方法

與其對某個特定的人施用法術，你可以施展全面性的魔法，未必要集中在個人身上，而是保護所有朋友與家人。或者你也可以對自己施法：以魔法協助自己在他人需要時，成為他們最好的朋友，提供一臂之力。

如果你是對某個區域（如房間）施法又如何？對區域施法在倫理上屬於灰色地帶。如果是你的房間，那無妨。不論是誰路經此地，都會與你進行個人互動，因為魔法不是施加在他們個人身上，所以應該不會有問題。但如果你需要或想要在某個公共區域（如職場的會議室）施法呢？首先你得仔細檢視自己的動機。如果是施展魔法讓開會者支持你，這麼做一點也不酷。與其這麼做，你不如加持一塊石頭帶在身上，增加你的人緣，或改善你的溝通技巧，協助你清楚表達自己的觀點。如此一來，你便是對自己施法；你就成了那個魔法的目標或對象。另一種情況是，你可能想對某個區域施法，促進正向力與效率，協助會議進展得更順暢、焦點更集中。那麼同樣的，你並不是在未經個人允許的情況下施法，而是將有普遍好處、支援性的能量引進這個空間。

✦ 例外

倫理原則也有例外：你的孩子和寵物。儘管如此，這裡仍有需要考量的倫理面。為人父母的你負有責任，你是孩子的法定監護人，要如何保護他們的安全、如何照顧他們，都由你來決定。話雖如此，如果他們年紀已經夠大，還是徵詢過他們的同意，會較有禮貌、尊重。

能夠一起施展防護魔法的話就更好了！

與孩子一起施展魔法

　　和孩子一起設計新的魔法，是一件很有趣的事；他們會提出很有意思的類比和連結，能對他們有效產生作用。本書的許多魔法都可以轉化給孩子使用。關鍵是要簡化！更多關於孩童的魔法，請見第四章。

　　若是寵物又該如何呢？就和兒童一樣，你是寵物的法定監護人，牠們的安危與照護由你來決定。然而，牠們也是有知有感的生物，如果牠們心胸開放，可以先徵詢牠們的同意。你會獲得牠們覺得無妨的印象。如果牠們顯得惶惶不安或顯然不同意這個做法，你可以選擇尊重牠們的意願，或是以事態最佳發展的考量下逕行施法。

法術入門

　　開始施展魔法前，你必須知道幾項基本要點。本節會介紹施法的空間和環境、事先計畫與自然發生的魔法、自我防護（你需要魔法圈嗎？）與其他相關事宜。

魔法圈是什麼？你需要嗎？

　　在施法過程中，魔法圈 (circle) 的功能是當成一種容器，將與你的目標產生共鳴的能量保留在內，其他能量則留在圈外。魔法圈對你

也會產生心理效用。你費時建立魔法圈時，也是在心裡對自己強調，你的施法區與日常生活區域是截然分開的。在魔法圈中的你和你施展的魔法，會將當前的現實與你渴望的現實連結起來。魔法圈能協助你聚焦於你的目標，並將你帶向那個目標。

要在何時建立魔法圈？你可以先詢問自己以下幾個問題：

● 我現在身處於自己不熟悉的地方嗎？

● 是否有容易讓我分心的事物？

● 我的魔法複雜嗎？

● 施法要花很多時間嗎？

如果以上問題有超過兩個答案是肯定的，那施法前先設立魔法圈或許會是個好主意。

設立基本魔法圈

在某些靈性道路上，修業者會以魔法圈闢出一塊神聖空間來進行虔誠的禮敬。然而，魔法圈也是能量的容器，能避免你關注的事物受到不需要的能量分神或干擾。後面這點是施法時樹立魔法圈的好處。

魔法圈的防護

基本魔法圈也能成為保護自己、用品、物件、空間的防護盾。更多關於這個概念下的魔法，請見 PART 2。

如果有幫助的話，你可以拿一條長繩在選定的地點實際圍出一個空間，或在身邊鋪一圈貝殼或石塊。魔法圈的大小因人而異；如果你是獨自一人，沒有打算四處移動，那直徑 1.8 公尺左右的魔法圈就夠了。請將雙臂往兩側伸展，手指張開，感受一下你的基本魔法圈要多寬。如果想要舒適一點，那就讓你的能量屏障稍微超出這個範圍。如果你要在房間裡四處移動，可以試著將魔法圈直接設在四面牆壁上。

請運用四個基本方位的能量及其相關元素來建立魔法圈。這需要你想像四個經典元素——土、水、風、火——如果你喜歡，也可以用一塊石頭、一小碟水、一根羽毛或薰香、一根小蠟燭來當成實體代表。將這些物品擺在其相應的方位——石頭擺在北方，羽毛或薰香擺在東方，蠟燭擺在南方，水擺在西方——或在你的施法空間裡就定位。

元素代表

如果你想在魔法圈中放置四大元素的代表，但不想占用太多空間，可以在一小碟水中放入一點鹽代表土與水，用點燃的薰香棒或塔香來代表風與火。

———— 基本魔法圈 ————

開始之前，請先用指南針或手機的指南針 app 來確定北方位置。

1. 歸於中心並接地（見第二章）。

2. 面朝東站著，口中念道：「東方的能量，全新之光與顫動之風的能量，我在此召喚你們，協助我建立保護圈。」

3. 轉向南方，想像有一條能量線從東方射向南方。面向南方念道：「**南方的能量，熱情與明亮火焰的能量，我在此召喚你們，協助我建立保護圈。**」

4. 轉向西方，想像能量線從南方射向西方。面向西方念道：「**西方的能量，轉化與流動之水的能量，我在此召喚你們，協助我建立保護圈。**」

5. 轉向北方，想像能量線從西方延伸到北方。面向北方念道：「**北方的能量，穩定與肥沃土地的能量，我在此召喚你們，協助我建立保護圈。**」

6. 再度轉向東方，想像那條能量線從北方來到這裡，接上線的開端，形成一個完整的圈。觀想能量從那條線升起，包圍著你，在你的上方形成穹窿，接著想像腳下也形成同樣的能量穹窿，直到你感覺自己受這顆能量球環繞為止。

7. 口中念道：「**魔法圈建立完畢；在土、風、火、水的力量下，我備受保護。**」

8. 魔法圈設好後，就可以開始進行自己的工作了：施展魔法、冥想或任何必要的工作。

9. 上述工作完畢後，請再度站回魔法圈中央，雙手高舉過頭。接著慢慢放下雙手，觀想你上方的能量穹窿打開、下降，退回那條能量線。再觀想你腳下的另一半能量穹窿，以同樣的方式逐漸融解。此時口中念道：「**土、風、火、水，感謝你們今日給我的保護與協助。**」

你施法的地方不宜點火嗎？那請用別的東西來代表火，例如相片、圖畫，或一盞小 LED 蠟燭。

如果在施法期間，你基於某種原因必須跨出魔法圈怎麼辦？請花一分鐘想像魔法圈的能量壁開出一條拱道，你可以從這裡跨出魔法圈一會兒。回來時，再想像那條拱道逐漸消褪，最後回復到平滑、無缺口的能量牆。請注意，如果你要長時間離開，這就不是理想的做法；如果你要施展的魔法分成兩部分，第一部分完成後要稍候片刻才進行第二部分，那就先完成第一部分後，撤掉魔法圈，稍晚再設立新的魔法圈來進行第二部分。

✦ 不使用魔法圈施法

施展魔法前，你不一定總是有時間或機會先設立魔法圈；有時你必須在危險或有時間壓力的情形下迅速行動。有時則是因為你身處在安全、熟悉的地方，不需要設立任何屏障或保護。在上述情況下，或任何你感覺自己並不需要設立完整魔法圈的時候，你可以念以下的短咒語來保護自己施法：

在上的世界，在下的世界，
能量請過來，能量請流動，
保護之光圍繞著我，
高山與天空，火焰與海洋。

還有一個更簡單的方法：只要去觀想有一道光圍繞著你就行了。

何謂祭壇？你需要嗎？

祭壇只是一個專門的工作空間，在宗教背景下是在敬拜儀式中使

用。但本書中的魔法在任何地點皆可施展，你不需要特別在受到福佑、專門的空間施法術。

話說回來，如果你想要在專門的施法術空間，那也無妨，可以架一個小臺子，或挪出邊桌的一塊空間來施法。有些人喜歡準備一條施法術用的專門布巾，隨時可以拿出來鋪成施法術的空間。

關鍵在於你感覺是否自在。有些人偏好每次都在同一個地點、在同樣的環境下施法術，以觸發自己進入施法狀態。他們甚至可能每次都穿著同樣的服裝，或焚燃同一種薰香。你可以多加實驗，找出對你有用的方法。

✦ 施法術

以下是施法術時要記得的幾條基本事項：

- 每次施法術時，你都必須帶著特定意圖來執行每個動作並觀想目標，這是一大重點。如此一來，才能加強你聚集的能量，使其依你的特定目標編定用途。要記得，單是把兩株草與一顆寶石擺在一起，魔法是不會產生作用的；它會產生作用是因為你將那些物品與你的目標連結，協助激發你的意念與意圖能量。

- 開始前，請先確定你的所需物品都已備齊。沒有什麼比施法到一半，必須起身去拿打火機或剪刀更會打斷魔法與專注力的了。如果發生這類情形，請直接停下，稍後再全部重來。

- 請關手機，關好門，盡量減少會令你分心的事。如果有隔絕不了的環境音，可以戴上耳機聽著輕音樂，讓你進入施法所必要的心境。

- 請判定你需要的是一個確確實實的魔法圈，還是可以不設立魔法圈就施展魔法。

魔法的類型

在本書中，你會遇見各式各樣的法術風格。以下先簡短綜觀各種不同類型，這樣你在它們出現時，心裡會先有一點概念。

| 護飾、護身符（Amulets）|

護飾、護身符是你攜帶或穿戴在身上的被動型物件，能運用其力量來守護或保護你。如果你不戴上自己心愛的手鐲、項鍊、墜飾、戒指等就會惶惶不安或沒有安全感，那麼那件首飾已經是某種護身符了：它定義著你一部分的能量，你也將它與你的自我覺知連結。

前述的首飾變成護身符，僅只是因為你時時攜帶或穿戴，於是它就成了你的一部分。如果你要特地創造一個護身符，可以根據物件的象徵或傳統聯想、你對它的個人聯想、物件的形狀與色彩、它的材質等來進行選擇。

| 符袋（Charm Bags）|

符袋是裝有物件或材料的小袋子，這些物件或材料是依特定目的蒐集來加持的。這類符袋也稱為護符袋（talisman bags）、巫壽袋（gris-gris bags）、魔力袋（conjure bags）、咒袋（mojo bags）等，不一而足。美國原住民的藥草袋也有同樣目的。符袋中裝有五花八門的物品，反映著個人的藥方或能量，或彌補個人的能量在那當下的不平衡或弱點。

符袋可以做為支援整體能量的通用符袋，也可以依促進健康、消災解厄等特定用途量身打造。它和提供防護屏障的護身符不同，符袋與魔符（talismans）會主動吸引能量到你身邊。

|繩結魔法|

很久以前，水手會將女巫做給他們的繩結帶在身上。當要召喚需要的風時，他們會解開繩結，釋放其中的魔法。繩結是事先施法的一個好方法，讓魔法隨時準備好在需要的時候釋放。繩結也可以用來束縛東西，避免它四處移動傷害他人。

棉、絲、毛、麻都是可用的理想纖維。請避免尼龍與壓克力等材質。當然，你使用的材質其實不一定要是繩子，也可以用毛線、繡線、刺繡用毛紗，以及條狀材質來施法。任何一種使用繩線類製作的藝品都能歸類為繩結魔法，所以無論是編結、鉤織、針繡還是編織，各種技巧都能運用在繩結魔法中。

|蠟燭魔法|

蠟燭魔法是最受歡迎的一種法術類型，原因不令人意外。蠟燭取得容易、使用方便，而且蠟燭魔法也非常有彈性，可以適應你不同的需求。當蠟燭逐漸燃盡時，你可以想像阻礙也逐步化解，或想像你所賦予的能量正在釋出效能。你也可以將蠟燭緩緩融化的過程，看成是目標正逐步向你靠近。

任何一種蠟燭都能使用。茶蠟（小圓蠟燭）與生日蠟燭是很理想的材料，因為燃燒得快。請拿一根從未使用於特定用途的新蠟燭，以雙手捧著，同時認真去想你的渴望或需要，接著點燃蠟燭。你必須確定自己的目標明確，心裡要明白結果如何，不要拐彎抹角。觀想的目標愈清晰，效果會愈好。要增添助力，可以選擇與魔法效果有正面關聯的蠟燭顏色（參考第七章的色彩及相關能量說明）。

加持與授能

加持（charge）與授能（empower）是指在施法時編定物件或材料的用途。基本上，這意味著以你的意志力為指引，運用你的個人能量，將你的目標清晰銘印到物品當中。以蠟燭魔法為例，你是以自己的需要或命令來為蠟燭授能。

|共感魔法|

共感魔法與其說是一種技法，不如說是一種法術類別。共感魔法的原則是，無論代表人事物的東西發生什麼事，同樣的事就會發生在它所代表的人事物上。巫毒娃娃是共感魔法經典的例子。共感魔法也是一種模仿魔法，以所代表的情境與代表物本身的連結為依據。在保護魔法中，你想要保護的人或物將會成為代表的主體。

|接觸魔法|

接觸魔法是另一種法術類別。人或物接觸加持或魔化（enchant）過的物件以吸收其特性，便是接觸魔法的體現。它也會以另一種方式發揮作用：任何東西一旦接觸了人或物件，就會帶有其能量的痕跡，日後可以用在魔法中施加影響力。腳印或一塊布等就屬於這一類範疇，拿頭髮或剪下來的指甲施法這類古老概念，也同樣是接觸魔法的例子。曾經是成群或成對的事物一旦分開，也能用來當成彼此的連結。如果你見過閨蜜項鍊（BFF necklace，分成兩半的項鍊墜，你與閨蜜各戴一半）那也是另一種形式的接觸魔法。各戴一半項鍊墜的兩人會因此相連，就如同連結兩人的友情。

|文字魔法與肯定語|

文字魔法是一種十分直接的施法方式。最簡單的做法是大聲念出咒文，主動將魔法化為詞語，將你所渴望的現實當成已經實現一般說出來。例如不說「我要變得勇敢」，而是說「**我很勇敢**」。

肯定語也能成為一種強而有力的文字魔法。反覆念誦是建立新現實的一個方法，不斷重覆肯定語在改變對某個事物的態度上特別有效。

肯定語特別適合用來保護興盛繁榮及財務狀況、加強自尊與信心、拓展覺知、提升直覺，上述這些都能增進你的自我防禦。

肯定語就如其他文字魔法一樣，應以現在式及正面積極的詞彙來陳述。「**我很安全**」對你的潛意識而言，意味著你此刻正受到保護，只是你需要去意識到；「我將會很安全」傳達的訊息則不同，意味著保護永遠要到某個未來的時刻才會出現，但都不是此刻。「我不怕」不如「我很勇敢」來得有力，主要是因為你的心念念不忘「恐懼」的關鍵概念，而不是關注在隨之而來的負力。

書寫是文字魔法的另一面。書寫魔法做起來也很容易，只要拿出一張新的紙，尺寸隨意，然後寫下你的渴望或宣告即可。你可以將紙折起來，放在蠟燭下燒成灰，然後捲起紙灰，綁上帶子，當成護身符帶在身上，或是將紙折好，放進小盒子裡。再拿一張色紙來添加一層能量，或使用彩色墨水或從工藝商店買來的圖紋紙，其圖紋要以支持你的法術目標為主。可能性是無窮盡的。

反覆寫出一段文字是另一種實地加強思想能量的方法，就像大聲念出文字。兩者都是以身體動作來加強存在你腦海的概念。書寫魔法也可以刻在蠟燭上，或將關鍵字寫在紙條上，當成護身符或魔符帶在身上，或是創作出一件魔法藝術品放在家裡展示（第三章的「天堂信」是絕佳的範例）。

做記錄

　　四處施展魔法沒有什麼不好，但要成為有效、成功的施法者，你就要特別留意哪些事會生效，哪些不會。如果有某項魔法功效不彰，你應該檢視造成失敗的潛在原因。記下你是在一週中的哪一天或一天中的哪個時間施法（在午餐時間施法可能經常會失敗）。你使用了哪些材料／用具（如果迷迭香的能量和你不對盤，那可能不適合當成你的藥草）？你不需要浪費時間與能量在不會生效的魔法上，了解如何省時的唯一方法，就是追蹤你的成敗。

　　請拿一本筆記本，開始記下日期與時間、天氣、你使用的原料／用具／元素、月相、你的心情、你的健康狀況……等，把你能想到的一切統統記下來。寫下你施展魔法當下的感受，以及結束之後的感受，也務必記下後來產生的效應，例如是否做了怪夢、出乎意料地疲倦，或是能量大幅提升等。請留下篇幅來記錄結果，一有察覺到任何結果就記下來。這些所有資訊都是可提供你日後回顧的大量知識，能讓你深入了解你施法的強項與弱項。

PART

2

各種魔法

第二章
身體與心靈

保護的責任要從自身做起。在今日社會中，人們時時受負能量轟炸，環境負擔、社會壓力、忙於維持生活需求，人的身體、精神、情感都被這些所包圍。保護自己不被擊潰，就是處理所有這類壓力的第一步。

精神與情感的疲勞衰竭會影響你的身體，這點不是祕密。這三個領域息息相關。因此，以下的魔法所聚焦的許多領域可能會有重疊。舉例來說，如果你的同事有公主或王子病，他可能會在精神與情感上依賴你，對你的身體能量造成負面影響。在累積更豐富的施法經驗以前，一開始請先個別處理每個議題，好幫助你真正聚焦於確切的目標，日後再將所有層面歸入到同一個魔法中。

魔法幫助的是懂得自助的人

魔法不是問題的唯一解答。你可不能對家裡施了保護魔法後，出門就不關窗也不鎖門。在魔法之外，你還必須以其他行動來增加保護，那意味著在保護自己方面，你必須謹記以下幾點：

● **運用常識**。避開危險區域。不論何時，都要知道自己身在何方，事先熟悉所在地的空間規劃與方向。讓別人知道你要去哪裡、何時會回來，並確定自己知道緊急時要打哪支電話求援。

● **如果你知道是哪些人讓你的身體或能量不堪負荷，請減少與他們相處的時間**。這些人的能量不平衡，所以只要可以就會到處汲取能量，自己卻往往對此渾然不覺。有時你也可能有相反的問題，你感覺心力交瘁是因為某個外向的人一直在強力投射能量。他也許沒有攻擊的意思，只是活力充沛或真心喜歡你！然而，這些人也可能令你疲憊。

● **在恐懼的情況下，要保持冷靜**。如果你慌了，就會陷入自己的恐懼中動彈不得，要保護自己就更加困難。

● **要記得，刻意的靈力攻擊極為罕見**。自招厄運其實才是最常見的折磨，遠較於別人傾注一切能量毀掉你的人生更常見。請別自欺欺人，以為有人對你進行靈力攻擊，或被厄運纏身。這是你在實現自身的預言，你會因此而吸引負力，造成整個惡性循環。請以魔法來中斷這種情況。

請試試這個練習

請去了解讓你疲憊或無力的事物是什麼，列出至少五個項目。思考自己在這些情況出現時，能用哪些魔法和非魔法的方式來處理。你也可以設法避開那類情況。

1. ⋯⋯⋯⋯⋯⋯⋯⋯⋯⋯⋯⋯⋯⋯⋯⋯⋯⋯⋯⋯⋯⋯⋯⋯⋯⋯⋯⋯⋯

2. ⋯⋯⋯⋯⋯⋯⋯⋯⋯⋯⋯⋯⋯⋯⋯⋯⋯⋯⋯⋯⋯⋯⋯⋯⋯⋯⋯⋯⋯

3. ⋯⋯⋯⋯⋯⋯⋯⋯⋯⋯⋯⋯⋯⋯⋯⋯⋯⋯⋯⋯⋯⋯⋯⋯⋯⋯⋯⋯⋯

4. ⋯⋯⋯⋯⋯⋯⋯⋯⋯⋯⋯⋯⋯⋯⋯⋯⋯⋯⋯⋯⋯⋯⋯⋯⋯⋯⋯⋯⋯

5. ⋯⋯⋯⋯⋯⋯⋯⋯⋯⋯⋯⋯⋯⋯⋯⋯⋯⋯⋯⋯⋯⋯⋯⋯⋯⋯⋯⋯⋯

一般的自我防護

本節從最基本的防護技巧談起。如果一隻愛咬人的狗追著你跑，最安全的做法是關上門，把牠擋在門外，你則待在屋內。就魔法來說，這意味著為自己設立一道防護盾、一個保護區域，或是一個能量圈，將危險隔絕在外，你則待在內部。這股能量來自哪裡？來自你的內心與周圍環境。

本書的頭幾個魔法，相當於教你如何在煮麵或煮蛋前先把水煮沸。這些是基本技巧，應該是你離家前必須先做的事，如果你是住在有些不安全的地方，這些甚至是你下床前要先做的事。

歸於中心並接地

歸於中心（centering）是指找到你的核心，靜靜專注於你內在的能量；這是一種正念的方式。接地（grounding）則是指將你的核心連結上大地的能量，讓你能平衡自己的能量值。歸於中心與接地在冥想與武術中也是常見的做法。

歸於中心並接地

最能竭盡自己所能的方法，就是運用所有能量來施法。藉由連上更大的能量來源，你允許那股能量流經你的身體，提升你的能量，同時為施法目標注入力量。每當你感覺驚嚇或驚慌時，這項技巧也很重要。它能保衛你，讓你感到安穩，更能平心靜氣地面對眼前發生的事。

📖 如何做

1. 以舒服的姿勢坐或站著，閉上眼睛。深呼吸三次。

2. 觀想一道光從你的身體核心升起。任何部位都可以是那道光的所在；大多數人會直覺觀想那道光位在心臟或腹部。

3. 觀想這道光的觸鬚往下伸入大地，透過地面深入地球核心。請看著它接觸、加入地球的能量。

4. 觀想大地能量沿著觸鬚往上為你的核心重新注入能量。感覺那股能量遍佈全身，充滿你的能量，彌補你能量不平衡的情況，為你帶來穩定。你已與大地連結。

5. 你想維持這股連結多久，就維持多久，盡量享受這種能量的交流。結束的時候，請感謝大地分享能量給你，減少能量的流動，但不要完全切斷大地與你核心之間的能量通道。讓它與你保持一絲連結，你才能隨意汲取能量，或在必要時將多餘的能量分流到其他地方。

小提示

● 如果有幫助的話，可以想像自身的能量是一種色彩，大地的能量是另一種色彩。當你從下而上汲取大地能量來使自己接地時，可以想像大地能量的色彩與你自身能量的色彩融為一體。

> 如果你感覺自己的能量過於飽和時，也可以反其道而行。請觀想自己連上大地核心的能量，但此時請不要從大地汲取能量，而是反過來觀想你將多餘的能量往下流入大地。

基本防護盾

一旦你知道如何歸於中心並接地之後，就可以運用大地的能量，在身體四周形成防護盾了。這非常類似第一章提到的「基本魔法圈」。你想把防護盾延伸多遠就多遠，只是要記得，防護盾愈大就愈難維持。要打造防護盾，請從手臂向兩側伸直後指尖觸摸得到的泡泡做起。

如何做

1. 歸於中心並接地。汲取大地能量到你的核心。

2. 觀想能量從你的核心向外擴展，如肥皂泡泡般包圍全身。將那股能量延伸到你想要的範圍。

3. 為協助確立觀想，你可以在這時說出關鍵短語，例如：「**我召喚我的個人防護盾。在防護盾的保護下，沒有任何危險或災厄會降臨在我身上。**」

小提示

● 你會發現，個人防護盾會隨著時間自然消褪。請時時檢查，拓展你的覺知來感受防護盾是否有任何弱點。如果有，只要汲取更多大地能量來加強整張防護盾就可以了。

● 製作永久防護盾聽起來是好主意，但其實不然。防護盾有可能就地鏽壞，反而讓你很難將能量導入和導出。請定期撤下防護盾，再製作一個新的防護盾，這樣你就能在需要的時候，隨時收放防護盾。

進階個人防護盾

一旦你熟諳了如何建立基本個人防護盾，就可以進行各種實驗，找出真正能與你及你的需要產生共鳴的防護盾了。請試看看以下的鏡子版本。

如何做

設立你的個人防護盾後，請想像防護盾肥皂泡泡般的表面轉化成為一面鏡子，鏡面向外。它能將負力彈回去，使其無法近身。

請為你的防護盾多做其他表面的實驗。何不試試讓葡萄藤纏繞著你的防護盾？如果你觀想防護盾是一顆冰球又如何？陽光呢？流水呢？請找出對你最有效的表面（可以每天都不一樣，或依你所在的環境是哪一類而定）。

漸盈月魔法

傳統上，月相從虧到盈的前半部週期與吸引能量到你身邊有關。健康的身體、健康的心靈、快樂的心、穩健的財務狀況、專注力、恢復力……無論你需要什麼，此時是將正能量引進生活中的理想時機。以下的版本以一般的保護為主。

需要物品：

白色小蠟燭，如茶蠟（小圓蠟燭）或生日蠟燭

燭臺（使用生日蠟燭的話，插進一塊黏土即可）

火柴或打火機

如何做

1. 歸於中心並接地。

2. 將蠟燭放上燭臺點燃，口中念道：「漸盈月啊漸盈月，請保護我不受任何意圖傷害我。感謝你的諸多保佑。」

3. 靜待蠟燭燃燒完畢。

小提示

● 你可以把這當成特定魔法的基礎，針對特定議題施以保護。只要將「不受任何意圖傷害我」換成你的目標即可。

漸虧月魔法

月相的後半週期是由盈轉虧的時期，傳統上會將此時與驅逐、逆轉、擺脫事物等連結在一起。只要改變措辭，重述你的願望，就能輕易將前一個魔法用於漸虧月期。

需要物品：

白色小蠟燭，如茶蠟（小圓蠟燭）或生日蠟燭

燭臺（使用生日蠟燭的話，插進一塊黏土即可）

火柴或打火機

如何做

1. 歸於中心並接地。

2. 將蠟燭放上燭臺點燃，口中念道：「漸虧月啊漸虧月，請將任何意圖傷害我的力量從我的生活中驅逐。感謝你的諸多保佑。」

3. 靜待蠟燭燃燒完畢。

小提示

● 白蠟燭屬於多用途。如果你更偏好使用黑色蠟燭，也找得到小蠟燭的話，在驅逐的版本中繼續使用無妨。也可以使用任何其他讓你聯想到驅逐的顏色。

保護自己的身體

　　本章魔法大多是要用來保護你，但這裡特別聚焦在你的身體，不論是保護你的身體不受傷，或是保護你的身體不受負能量影響。

人偶娃娃魔法

　　人偶娃娃是用來當成施法焦點的小布偶或小人像。在這個魔法中，人偶娃娃代表著你的身體，是你能量的焦點。過去人偶娃娃（傀儡）是以木頭刻製、以某種材質的碎片拼成，甚至以根莖或繩索捻製而成。這裡的魔法使用的是不織布。你可以自行選用顏色，選自己偏愛的色彩或黑、紅、藍等與保護有關的顏色都好。如果你有薑餅人（或薑餅女）的餅乾模具，也可以用來當成形狀的樣板。不然就是自行製作一個簡單的人偶。在魔法的後半部會做一個盒子來儲放娃娃。

需要物品：

兩塊方形不織布，約 15 × 15 公分

簽字筆、定位珠針、剪刀、針線、紗線、布片（非必要）

6-12 顆棉球

你出生那一年發行的錢幣或其他硬幣

一撮鹽、一撮迷迭香 (Rosemary)、一撮芸香 (Rue)

紅碧玉 (Red jasper)

 ## 如何做

1. 疊放兩片不織布，以簽字筆在上面畫出人形。將不織布以珠針別在一起，剪下人形。

2. 縫合兩片人形不織布的邊緣，頭部留下開口。

3. 拿簽字筆畫出人的五官與身體特徵。如果你身上有疤、胎記，或你總是戴著某個首飾，也請畫下來。這裡的要點是運用可辨別的關鍵元素，讓娃娃看起來更像你。喜歡的話，可以用紗線做頭髮，或取舊衣的布條縫製娃娃的衣服。

4. 稍微抓鬆棉球後塞進娃娃內部。塞到一半時，放入硬幣、鹽、迷迭香、芸香、紅碧玉。最後用剩下的棉球完成娃娃的填充。以珠針封住娃娃頭部，再以針線縫合。

5. 歸於中心並接地。將娃娃捧在手裡，從地面汲取能量，使能量充滿你的核心。讓能量往下流入手臂，灌注到娃娃上。口中念道：「**這個娃娃就是我，它的安全就是我的安全。**」

● 如果你是隨手畫出人形，請不要畫得太細膩，或是把手腳畫得太長或太細，這樣會不易填充棉球。畫出大致輪廓即可。薑餅人的樣子就是很正確的形狀。

● 喜歡的話，可以在塞進上述物品時，把自己的一兩撮頭髮或剪下來的指甲一併放入娃娃內。

人偶娃娃盒

這個魔法是用來為你的娃娃創造一個安全的儲放地點。

需要物品：

附蓋子的木盒，大到放得下娃娃

黑色漆、畫筆

白布，大到包裹得住娃娃

如何做

1. 以黑色漆塗滿盒子內部，別忘記蓋子內側也要塗滿。等待漆乾。

2. 以白布包裹娃娃後放進盒子。蓋上蓋子。口中覆念：「**只要這個娃娃安全，我就是安全的。**」

3. 將盒子放到安全的地方。

小 提 示

● 你可以選擇在人偶娃娃盒外側點綴些色彩，或任何你想要的裝飾。可以考慮在頂端貼一面鏡子回擋負能量以保護娃娃（也就是你）。

人偶娃娃盒也可以當成一般用途的絕佳魔法盒。本書中的諸多魔法都需要將某樣東西放在安全的地方，魔法盒是儲放這些物品的好點子。請製作一個通用的魔法盒來安全儲存這些物品。

防護性護飾

穿戴符合你信仰的保護象徵物，是一種古老的做法。要製作防護性護身符，選用自己目前在戴的首飾，或特地找一件新首飾都可以。不論是哪一種，請先將首飾拿去過香淨化之後再來施法，才能去除外來能量和任何累積在內的能量，使其能充分為新目標效力。

需要物品：

薰香或塔香（檀香或乳香）與香爐或香船
火柴或打火機、首飾

如何做

1. 歸於中心並接地。

2. 點燃薰香。將首飾拿去過香，同時念道：「**藉由香的淨化之力，你先前的負能量已完全滌淨。**」

3. 將首飾拿在手裡。閉上眼睛並從大地汲取能量，再感覺能量從手臂往下流入首飾。將能量導入首飾時，口中請念道：「**我為你加持，〔物品名稱〕，你自此成為我的防護盾，抵禦傷害與危險。**」

4. 盡量常配戴這件首飾——每次出門當然更要戴在身上。

● 戴上首飾前，請先泡澡或沐浴淨化，或先進行下文中的能量淨化魔
　法來重新出發。

　　如果你沒有能與保護連結的象徵物，或不願意公開戴上這
件首飾，可以拿一件能戴出門的普通首飾來施法。不需要為選擇
哪件首飾大傷腦筋，隨著品味、喜好改變，你也可以將本來的護
飾改為俗用，另做一件新護飾。另一方面，護飾穿戴、使用得愈
久，就會蓄積愈多力量，而使用首飾來當護飾的一個要點就是，
你不會任意丟棄。

檸檬淨化法

　　你每晚都會固定洗臉和雙手……所以何不也定期洗去累積了一天
的負能量？你可以在沐浴或任何時候快速淨化。檸檬是抵抗負能量的
傳統解藥。

需要物品：

　　檸檬片

如何做

1. 請想像身上黏附著負能量，或有一股氣聚集在後頸部。如果有幫助
　　的話，可以觀想它是黑色或濁褐色（可能會使你不舒服，但不須擔
　　心，等會你就能擺脫它了）。

2. 拿檸檬片擦拭後頸部，讓它吸走所有負能量。如果有必要，想擦拭多久都無妨。

3. 將檸檬片丟入堆肥後將會分解，然後它從你身上移除的負能量也會隨之轉化。

小提示

● 如果感覺負能量聚集在後頸部令你渾身不舒服，可以改將負能量召喚到你的掌心，再用檸檬片去除。

━━━ 淨化浴 ━━━

　　有時你需要的不僅是應急的淨化，這時淨化浴就能幫助你放鬆。將鹽、迷迭香、檀香混入水中，有助於去除附著在你身上的負能量，並且重新設定你的能量。

需要物品：

　　一杯鎂鹽（Epsom salt, 也稱為「瀉鹽」）
　　一茶匙迷迭香、三滴檀香精油

如何做

1. 拿小碗混合所有原料。

2. 放溫度適中的洗澡水。將鎂鹽等混合物撒入水底。

3. 泡澡，要泡多久都可以。

煙燻淨化法

　　煙燻在好幾種文化中是傳統的淨化方法，通常會先點燃一捆乾燥藥草，待火焰熄滅，留下草料繼續生煙。鼠尾草是一種傳統的淨化藥草，也是你所能找到最常見的煙燻棒材料。

需要物品：

煙燻棒
火柴或打火機
隔熱碗

如何做

1. 點燃煙燻棒的一端，等乾燥藥草點燃之後，輕輕吹熄火苗。你可以直接拿著煙燻棒點燃，或是將煙燻棒放進碗裡，再拿著碗或把碗擺在旁邊的桌上點燃。哪種方法簡單就用哪種！

2. 輕輕將煙搧到全身上下。弓起手心做出洗的動作，讓煙蔓延到手臂與腿部。在這同時，也請觀想這道煙化解了所有附著在你身上的可厭能量。

　　你不需要用完整根煙燻棒。淨化空間或能量的工作完成後，就可以在隔熱碗或沙堆中將香捻熄。冷卻後再以鋁箔紙包住煙燻棒，留待下次有需要時使用。

日光魔法

千萬不要低估陽光的力量！在你遇到難關時，陽光是最快、最簡單，也最直接的魔法。這種魔法在晴天最容易進行，但即使是陰天也能施展，因為陽光就在雲層後面而已。

如何做

1. 感覺焦慮、受威脅、不安穩時，請走到戶外，置身於新鮮空氣中。

2. 抬起頭面對太陽，閉上眼睛，口中念道：「**太陽啊，請驅逐這股負能量，破除它對我的掌控吧。**」

3. 感覺太陽溫暖地照耀在臉和身上。緩緩地深呼吸，想像你每次吸氣，陽光就流入體內。

4. 口中念道：「**我自由了。謝謝你，太陽。**」

5. 回到原來的地方繼續過完剩下的一天。如果工作已結束可以離開，那就移動到下一個地方。

小提示

● 最好在戶外進行這個魔法，但必要時也可以走到窗邊面對太陽，透過窗戶將陽光的能量引到自己身上。

一定要大聲念咒文不可嗎？大聲念咒文是有幫助的，因為話語是強調意圖的一種身體動作，但如果眼前的情況要求你保持安靜，那麼你也可以在心中默念咒文。你也可以用嘴唇和聲帶來默讀咒文，但不真的出聲。

大型女巫之梯

　　女巫之梯是一種使用繩結的施法技巧。以下的女巫之梯主要是為了保護所懸掛之地或目標對象的安全。這裡製作的是大型辮子，可以掛在牆上或放入抽屜裡。

需要物品：

　　三段（各 90 公分的）繩子、紗線、帶子、毛線或繡線

　　串珠、羽毛、與保護有關的小墜飾護符

　　針線（非必要，請見以下指示）

如何做

1. 將三段繩子的一端綁在一起

2. 觀想你的目標，緩緩開始將三條繩子編成辮子

3. 感覺到時機的時候，就停下來把串珠串進或將小護符套進其中一條繩子。如果你的繩子太粗，串珠或符物套不進去時，可以先將整段繩子編完打結，接著用針線將串珠與護符縫到辮子的不同位置上。將羽毛編入或縫到辮子上。

4. 將女巫之梯掛在你希望保護的區域。你可以連接兩端形成一個環，像花圈一樣懸掛，或是直接穿過繩結垂直懸掛。還有一個方法是折或捲起來，存放在一個小空間裡。

小 提 示

● 請見第七章的說明，查看在各種情況下與保護有關的色彩與符號，以協助你選擇要將哪些物品編入辮子中。與防禦有關的盾牌、武器或動物的象徵符號，也是製作女巫之梯的好點子。

● 在打結的一端繫上重物，或用膠帶黏在桌邊，可能有助於編結。你也可以將繩結釘在枕頭或是沙發靠墊上再開始編結。

> 繩結魔法是以編結或纏繞繩子的動作，將魔力與能量固定在繩結中。

迷你女巫之梯

這是一種小型、個人尺寸的女巫之梯，可以放在口袋或皮夾裡。最好以較輕的繩線、紗線、帶子來製作。如同大型女巫之梯，如果你的繩子太粗，套不進串珠或護符，可以改縫在指定位置。

需要物品：

三段（各 30 公分長的）繩子、紗線、帶子、毛線或繡線

三顆串珠，或與保護有關的小墜飾護符

如何做

1. 將三段繩子的一端綁在一起。

2. 將串珠或護符套進中間那股繩子，放在結的正下方。

3. 觀想你的目標，緩緩開始將三條繩子編成辮子。

4. 快編完一半時，將另一個護符或串珠套進繩子，再繼續編結。

5. 編到剩下兩三公分的時候，將最後一顆串珠或護符套進繩子。末端打結。

6. 將女巫之梯帶在身上。你可以將兩端打結形成一個環、盤繞成圈，或是直接放進一個小空間亦可。

小提示

● 這類迷你女巫之梯是旅行時絕佳的行李保護符。下次出遊前，請將女巫之梯塞進皮箱裡吧！

困縛負力之術

　　如果你出門在外，開始感覺侷促不安或不自在，或感覺受負面思想糾纏，可以試試這個應急的魔法。你可以使用鞋帶的一端、背包揹帶未繫緊的一端，或任何物品來進行。必要時甚至可使用襯衫下襬、圍巾或提包帶。

需要物品：

　　一條繩子，長度不拘。

如何做

1. 當怒氣或恐懼從內心升起，或感覺身邊有什麼不對勁時，請觀想負能量在你面前形成一顆球。以手指拉緊繩子，口中念道：「**我命令你停下；我將你束縛在此地。你傷害不了我。**」

2. 用繩子打出簡單的活結，觀想繩子綁住你面前的負能量球。拉緊繩子，深呼吸，然後呼氣，讓那股緊張離開你的身體。然後釋放繩子使其恢復鬆弛。

3. 離開到安全的地方時，打開繩結，讓能量消散。

保護你的健康

　　健康是魔法支援的一大重點類別。這個主題不同於上文提到的基本保護或人身保護，因為本節的焦點是保持身體強健，或專門針對健康的相關事項施展魔法。健康是生活安康的整個拼圖中的一塊。守護你的健康，就是協助自己守護生活中的其他一切。

醫院官僚終結術

　　要保持健康，有一部分意味著要與醫院組織周旋，有時還要面對醫院的官僚作風。當自己或家人生病時，沒有什麼比在擔心疾病、健康、財務狀況的同時，還要與官僚糾纏更讓人煩心的了。以下的魔法能協助你解開繁文縟節的束縛，讓文書流程更順暢。

需要物品：

　　空白紙張 10x10 公分、原子筆或鉛筆、紅線 20-25 公分長、剪刀

如何做

1. 歸於中心並接地。

2. 在紙上寫下你必須進行的療程，或請領保險的必須步驟。將紙折起來，以紅線捆綁，愈多圈愈好。

3. 口中念道：「走出官僚作風的迷障，走出繁文縟節的黑洞，來到大事告成的光輝下：一切阻礙就此消失！」

4. 將紅線剪成數段，使其短到不能打結為止。打開紙張並念道：「溝通無礙，水到渠成。」

5. 將剪斷的紅線丟入垃圾桶，紙張則保留下來，等療程已經上軌道，或保險支付已經撥款下來後，再將紙燒掉，將紙灰撒到屋外。

小 提 示

● 你可能想多做這個魔法幾次，因為過程中還可能出現新的阻礙。請每次都使用新的紅線，但要重複折疊原來的紙張，直到整個情況確實解決為止。

柑橘與丁香健康長壽魔法

這可能是你從小就熟悉的魔法，通常是在聖誕節前後施行。這裡要召喚柑橘與健康有關的聯想，以及丁香與麻醉、淨化有關的聯想。

需要物品：

小柳橙或檸檬、一罐全株丁香花（或稱丁香原粒）
淺盤、細竹籤或圖釘（非必要，見以下指示）、小碟子

如何做：

1. 歸於中心並接地。

2. 將水果拿在手裡，口中念道：「〔*水果名稱*〕*啊，我召喚你的療癒與強化能量。*」

3. 拿著淺盤施作以免果汁滴落，開始將整株丁香逐一壓進果皮內。如果果皮太硬或丁香太乾，請先用竹籤或圖釘戳洞再塞入。

4. 以丁香覆滿水果表面，愈多愈好。完成後，將水果拿在手裡，口中念道：「*請保護我的健康，柑橘與丁香。*」

5. 將水果擺在小碟子裡，放在通風良好處。每天都去翻一翻，讓它均勻風乾。如果開始發霉的話，就放進堆肥，重做一個（別擔心，這

和你的健康狀態毫無關聯，問題出在你所在地點的天氣乾濕狀態）。

6. 風乾後，只要你覺得有必要，就繼續將鑲滿丁香的柑橘擺在小碟子裡。不過請定期檢查，確保它的狀態良好；如果開始褪色、發霉或腐敗，就放進堆肥，重做一個丁香柑橘。如果擺在能量頻繁交會的地方，可以考慮每三到四個月做一個新的丁香柑橘。

小 提 示

● 如果希望的話，可以用丁香在柑橘上設計一個圖案，而不是完全覆滿。謹記一點：丁香愈少，柑橘的壽命就愈短。

● 柑橘風乾後可以掛起來；拿一條絲帶圍成小環，用幾根珠針把柑橘固定在環上。

驅逐疾病或感染的鹽魔法

鹽能趕走負能量。你生病時可以施展這個魔法來協助你趕走體內的病魔。

需要物品：

鹽、小碗

如何做

1. 歸於中心並接地。

2. 將鹽放進碗裡，再把碗擺到受疾病或傷痛折磨的身體區域或部位。請讓碗留在那裡至少三分鐘，久一點更好，才能吸走聚集在該處的負能量。觀想感染或傷痛是一道陰暗混濁的能量，從你的體內升起，被鹽吸走。

3. 如果你是受病毒或一般感染侵襲，也可以換個方式，把碗放在嘴巴前，對著碗將氣全部呼出。如此三回後，觀想體內的疾病是一團混濁的雲霧，而這團雲霧正透過呼吸離開你的身體，進入鹽中。

4. 將鹽沖入馬桶處理掉。

小 提 示

● 如果拿碗不方便，可以改將鹽倒進一次性／可燃的小茶包使用。

—— 淨化病房的鹽魔法 ——

你是否長臥病榻？這是一種簡單的魔法，可以幫助你淨化病房中不健康的能量。

需要物品：

鹽、小碗

如何做

1. 將鹽倒進碗裡，口中念道。：「鹽啊，我召喚你吸走這間病房中的疾病與負能量。」

2. 將鹽碗擺在床下。每日更換，使用過的鹽要沖入馬桶處理掉。

—— 健康與療癒的太陽魔法 ——

多曬太陽！因為有時你缺乏更積極主動的能量。這個魔法是運用

太陽的能量協助治療你或保持健康的絕妙辦法。你可以待在室內，坐在陽光灑進的窗邊，如果氣溫宜人，也可以到戶外曬太陽。

需要物品：

晴天

📖 如何做

1. 在太陽下就定位。如果可能的話，讓需要能量治療的身體部位面對溫暖的陽光；或者直接坐在陽光下。

2. 大聲念道（或默念）：「**太陽啊，我召喚你的療癒能量來輔助我。**」如果你有某個特定的病痛希望太陽協助你療癒，可以在咒文中講出來。

3. 閉上眼睛，平緩地深呼吸。感受陽光落在皮膚上的暖意。觀想陽光融入你的身體，想像它滲入你的細胞，從一個細胞穿過另一個細胞，散發健康的光輝。只要你願意或覺得有需要，坐在陽光下多久都行。

小提示

● 如果你在施法過程中睡著了，別擔心。睡眠也能帶來療癒。

◆━━ 體力不透支魔法 ━━◆

　　體力透支是當代社會的常見問題。人們為了滿足家庭、工作、家務的種種需要而不斷自我施壓，最後還要照顧好自己。你往往缺乏時間（或者遺憾的是，缺乏精力）重新充電。這個魔法能協助管理你的能量值，避免你體力透支。

需要物品：

一茶匙輕質油（如杏仁油、葵花油等）
一撮乾燥薰衣草、一撮肉桂粉
褐碧玉（Brown jasper）、白水晶（Clear quartz）
小黑袋或包

如何做

1. 歸於中心並接地。

2. 將乾燥薰衣草與肉桂放進油中攪拌混合。

3. 手裡拿著褐碧玉，口中念道：「精力、耐力、堅忍：我已獲得保護，不再筋疲力竭、體力透支。我永遠有充分的能量。褐碧玉捍衛著我的精力；白水晶確保我總是有能量可汲取。此事已成！」

4. 手指沾一點泡藥草的油，點塗在碧玉與水晶上。將碧玉與水晶放進小黑袋封好。

5. 隨身攜帶小黑袋。

小 提 示

● 要重新施展魔法，請每個月重述一遍同樣的咒語。可以自行選擇是否要重新塗油。

● 如果喜歡的話，可以將一撮乾燥薰衣草和肉桂粉加進裝著碧玉與水晶的黑袋中。

能量不枯竭魔法

感覺能量被抽乾時，最早的徵兆通常會出現在身體上。疲勞、動作變遲緩、渾身提不起勁的感覺，顯示出基本能量的流失，可能是被

他人榨取，或能量整體的喪失。這個魔法可以幫助你守護能量不受干擾與損失。

需要物品：

石英水晶 (Quartz)

如何做

1. 從第七章選一種你偏好的方法清潔水晶。
2. 歸於中心並接地。
3. 手裡拿著水晶，從地面汲取能量，讓能量從手臂往下流入水晶。口中念道：「水晶啊，請以你取之不竭的力量與能量，支援我的能量；守護它不被竊取或流失。」
4. 將水晶帶在身上。

小訣竅

● 石英的首飾很容易取得。你可以把石英墜飾掛在鑰匙圈，或皮夾、背包的拉鍊上——用哪種方法帶在身上都可以。

抗疲勞魔力袋

艾草 (Mugwort) 是一種用來抵抗疲勞的傳統藥草。這個迅速簡單的魔力袋會運用艾草的能量來協助你抵抗疲倦與乏力。

需要物品：

艾草、小黑袋

如何做：

1. 歸於中心並接地。

2. 雙手交握艾草，口中念道：「**大地的造物啊，我為你加持，請守護我，使我不精疲力竭，確保我的能量始終飽滿，防止疲勞。**」

3. 將艾草放進小黑袋中綁緊。

4. 將艾草袋帶在身上。

> 要獲得額外的活力，可以結合艾草魔法與上述的石英魔法來打造魔力袋，守護你的能量，防止筋疲力竭。在令人疲憊的職場環境中，這是很出色的搭配組合。

保障療程安全的魔法

有時儘管你相信醫師，仍會覺得多了魔法來保障手術或生產等醫療流程的安全，更令人放心。這個魔法需要以鹽水在身上畫盧恩符文（更多關於盧恩符文的說明，請見第七章）。

需要物品：

小碟子、四分之一杯水（約 60ml）、一茶匙鹽

如何做

1. 將水倒入碟中。手指沾鹽攪入水裡，從外圈開始製造漩渦，順時針轉入內圈，然後直接拿出手指。接著重複這個過程兩次，總共三次。

2. 每次製造漩渦時，從以下宣告中選一句來念：

我的醫師很可靠。

我的醫療流程很順暢。

我百分之百會康復。

3. 手指沾水,在額頭、胸口、腹部畫如下的盧恩符文「恩索茲」
   (Ansuz),每畫一次都要重新沾水。

4. 手指再沾一次鹽水,在即將成為療程重點的身體部位,畫「瑟伊薩
   茲」(Thurisaz)符號,即盧恩符文中代表保護與克服阻礙的符號。
   口中念道:「我的身體獲得福佑;白光在我四周閃耀。我受到
   保護;我的安全獲得保障。」

小提示

● 製作健康護飾／護身符(見本章前文)是搭配這個魔法的好主意。
  上醫院時請將護飾帶在身上。如果你在療程中無法配戴在身上,可
  以在病房中放一張你的相片,然後把護飾擺在相片底下或旁邊。

——— 防流產魔法 ———

　　繩結魔法特別具有捆縛的功效,也是一種輔助孕期健康的卓越技
巧。當你懷孕時可以自行施展這種魔法,或為他人施法。如果你無法

待在他們身邊，請拿一張對方的相片施法。

　　要注意！施展這個魔法時，記得不能遺漏最後一部分：將繩子的結打開，移除任何妨害生育的阻礙。請不要收好繩子後便就此遺忘，這樣可能會造成分娩時的併發症！

需要物品：

　　白色繩子（15 到 25 公分左右）、小紅袋

如何做

1. 歸於中心並接地。

2. 拿繩子靠近肚皮，或擺在孕婦的照片旁。接著，在繩子上打一個結，觀想這個結能安胎，保障寶寶安全又健康。

3. 口中念道：「**保持安全，穩穩抓牢。讓子宮守護你，直到將你安全帶進世界的那一刻到來。**」

4. 將繩子放進紅袋，存放在安全的地方。如果懷孕期間出現任何併發症，可以用來做為進一步施展保護魔法的焦點。

5. 預產期（或決定生產的任何日子）前的兩三個禮拜，請拿出紅袋。歸於中心並接地，然後將繩子從袋中拿出來。解開繩結，口中念道：「**你的誕生時機已近，隨時都能安穩地來到我們愛的懷抱，一切健康安好。**」

小提示

● 若要進行額外保護，請將一兩個子安貝（Cowrie shells，又稱寶螺貝殼）放進裝有繩子的紅袋。子安貝一般來說與女性及生育力有關，尤其與懷孕有關。

有時儘管有各種支援，懷孕期間還是出現了問題。如果孕期中止，請將繩結打開，讓孕婦不再受到任何不必要的情緒傷害或身體創傷。請感謝孩子的靈魂，帶著敬意埋葬繩子。

━━━ 驅病術 ━━━

如果你感覺自己的身體因故不適，或久病纏身，這是個將之驅逐的好魔法。

如何做

1. 如果可以，請站著；不然就在床上坐直。

2. 歸於中心並接地。

3. 透過你與大地能量的連結，從地面汲取能量，聚集在雙手中。

4. 雙手離身體皮膚 2.5 到 5 公分遠，開始隔空撫摸全身，觀想疾病正被能量沖走。同時口中念道：「*走開吧，〔疾病名稱〕，這裡沒有你的容身之處。滾到大海深處，滾到高山山巔；滾開吧。*」

5. 完畢後跪在地上，雙手貼住地板。讓能量洩入地面。接著從地面重新汲取能量，彌補你在施法時可能引起的任何不平衡。

6. 清洗雙手，或打開洗手台的水龍頭，將手放在水流下，清除最後一點殘餘的能量效應。

流水是必要時甩掉負力的一個好方法。請將雙手擺在水龍頭下，觀想負力隨著水流走。

保護你的心靈健康

人類是脆弱的生物，恐懼、壓力、自信心不足，都可能百般阻撓我們的思維過程。魔法可以幫助你釐清思路，提升自尊，加強你在今日的負力環境中相信自己能應付雷區的能力。

> ## 要注意！
>
> 法術不能代替醫療。它有助於加強療程，但千萬不能以此代替適當的醫療照護。如果有需要，請務必尋求或繼續你的藥物治療或療程。

━━ 肯定魔法 ━━

肯定魔法是用來加強現實或補強弱點的正面宣告。以下是用來保護自尊的肯定語，你也可以寫下自己的句子。

● 我很堅強，值得尊敬。

● 我已歸於中心，而且一切平衡。我與周圍環境相處和諧。

● 我的話值得人們聽見。

如何做

1. 站正或坐直。放輕鬆，但不要左右搖晃。你的肯定魔法將帶來力量；請拿出自信，但不要緊繃。

2. 歸於中心並接地。

3. 閉上眼睛，緩慢地深呼吸三次，每次呼氣都務求穩定。

4. 念出你選用的肯定語，最好大聲一點。如果你是處在人群中，可以默念或堅定地想著那些字句。念的時候要拿出自信。至少念三次。

5. 感受周圍升起的那股自信與力量的氛圍，每次重複念出肯定的話語，那股自信與力量就變得更強。

6. 張開眼睛，回到當下。

思路清晰魔法

　　如果覺得自己腦袋打結，想不出如何解決某個問題的話，這個魔法能促進你釐清思路。它能幫助你走出迷障，保護你清晰思考的能力。

需要物品：

　　黃蠟燭與燭臺、檸檬精油、火柴或打火機、黃水晶 (Citrine)

如何做

1. 歸於中心並接地。

2. 捧著蠟燭，口中念道：「黃蠟燭啊，請帶來光明，除去迷霧。」以檸檬精油輕輕塗抹於蠟燭，再念道：「明亮的檸檬啊，請穿越黑暗。」將蠟燭插上燭臺點燃。

3. 捧著黃水晶。觀想自己正自信滿滿地處理一個問題，進行一個充滿挑戰的計畫，自己的工作效率正受到眾人稱讚。將一滴檸檬精油抹在黃水晶上，口中念道：「黃水晶、亮檸檬，請帶給我洞見。」

4. 將黃水晶放在蠟燭底部，靜待蠟燭燃燒完畢。

5. 將水晶帶在身上，獲取其能量的益處。

說「不」的魔法

　　要對某個人或某件事說「不」，有時難如登天。有時你是真心想幫忙，但礙於要務在身，所以不得不拒絕。有時你想拒絕卻又覺得愧疚，彷彿你非答應不可。無論如何，不說「不」意味著你會攬太多事在身上，或得去處理你其實無意涉入的事。這個魔法能加強你的決心，幫助你和氣、自信地說「不」。除了「我很抱歉，但我現在真的沒辦法」，你不欠任何人解釋。

需要物品：

　　銀色蠟燭與燭臺、火柴或打火機

　　粉晶（Rose quartz）、碧玉（Jasper，建議綠碧玉或紅碧玉）

　　黑色電氣石（Black tourmaline）

　　一茶匙蜂蜜

如何做

1. 歸於中心並接地。

2. 點燃蠟燭，口中念道：「我的時間有其價值。我的生命平衡有其價值·我的能量有其價值。」

3. 將各種寶石圍著蠟燭形成三角形，粉晶擺在前方中央，其他兩種寶石放在後方兩側。

4. 手指沾一點蜂蜜觸摸粉晶，口中念道：「我有權不為自己的抉擇感到愧疚。我是自己的主人，有權做自己的決定。」

5. 手指再沾一次蜂蜜觸摸碧玉，口中念道：「我盡己所能平衡我的行動。我生活中的各個領域都有其地位，值得關注。我不剝奪任何一個領域的時間或能量來滿足他人的期望。」

6. 手指第三度沾蜂蜜，觸摸黑色電氣石，口中念道：「我的能量是

自己的。它不屬於任何人，只屬於我所選定之人。在保護之下，任何人都竊取或濫用不了它。」

7. 靜待蠟燭燃燒完畢。

小 提 示

● 可以將寶石放入袋中，讓你藉由它們的能量支持你的決心。先以白布或藍布把寶石包起來可能較好，蜂蜜才不會在袋子裡沾黏結塊。

要為生活各個不同領域求取平衡，綠碧玉 (Green jasper) 是一種有效的寶石。紅碧玉（Red jasper）也有助於平衡，還能加強界線。請在這個魔法中使用其中一種，或兩者皆用。

━━━ 信任自己的魔法 ━━━

心理操縱和否定（假裝讚美實則挖苦的侮辱，用意是攻擊你的自信）和其他針對你的自我價值的外來攻擊，都在挑戰著你的自信。如果你處在有人對你進行這類操縱的情勢下，無論他是有意或無意，你都能用這個魔法來加強你的自信，提醒自己你值得正面肯定。任何尺寸的淺盤皆可使用，只要調整茶蠟（小圓蠟燭）的數量即可。

需要物品：

淺盤、茶蠟（數量要足以沿著淺盤內圈繞一圈）、火柴或打火機
粉晶 (Rose quartz)、虎眼石 (Tiger's eye)、黑曜石 (Obsidian)
小黑袋

如何做

1. 將茶蠟放上淺盤，沿內圈繞一圈。中央放三顆寶石。

2. 點燃蠟燭。

3. 口中念道：「我是平靜、理性之人，關注應當關注之事。我明白自己的真相，也道出真相。」

4. 將寶石留在原地，靜待蠟燭燃盡。然後將寶石放入小黑袋隨身攜帶。

虎眼石能加強勇氣與精力，是這類魔法的理想元素。

保護自己避免精神疲勞

精神疲勞可不是有趣的事，直到徹底崩潰以前，你往往看不出自己正陷入這個境地。過度用功、必須在短時間內吸收過量資訊、蠟燭兩頭燒等種種情況，都能用魔法來處理。請試試用以下魔法保護自己防止精神過勞。

防止決策癱瘓魔法

決策癱瘓是指因為焦慮、疲勞或對情況過於多慮，導致無力做出決策。由於唯恐做出不正確的選擇，反而會讓自己陷入困境，動彈不得。這個魔法能幫助你擁有做出選擇——任何選擇——的個人力量。

需要物品：

白蠟燭、竹籤、長釘子或冰鑿、燭臺、火柴或打火機

📖 如何做

1. 歸於中心並接地。

2. 將蠟燭拿在手裡。拿起竹籤、釘子或冰鑿，從蠟燭底部刮或鑿出以下文字：「我的選擇都由我來決定。」

3. 將蠟燭放上燭臺點燃，口中念道：「我已經接地。我的選擇都是自己做下的。任何一個選擇都不是在否定其他的選項。完美不是目標。重要的是我已向前邁進。」

4. 盯著蠟燭一會兒，深呼吸並感覺能量在你的核心搏動。想像自己自信滿滿地做出決定，事情朝正面發展。做一點白日夢，想像自己胸有成竹地下決策。當準備好時就重複念道：「完美不是目標。重要的是我已向前邁進。」

5. 靜待蠟燭燃燒完畢。

小 提 示

● 如果有幫助，可以將步驟3的肯定語寫在一張小紙片或空白名片上，隨身攜帶，時時閱讀上面的文字。如果發現自己進入決策癱瘓的狀態時，請閉上眼睛，反覆對自己大聲念或默念這些文字，並記得任何抉擇都不需要是完美的抉擇，但你必須做出決定，才能繼續前進。

━━━━ 防止過度飽和魔法 ━━━━

在念書或吸收大量資訊的情況下，很容易感覺不堪負荷。請用此魔法來加強自己抵抗資訊轟炸的能力，甚至能記住其中的重要部分。太過用功或鑽研太認真，有可能導致資訊過量。這個魔法能幫助你加強自己的處理能力，保留你需要記得的訊息。褐碧玉 (Brown jasper) 與精力及長時間的耐力有關，正是你在這類情況中需要的能量。

需要物品：

褐碧玉

📖 如何做

1. 歸於中心並接地。

2. 捧著褐碧玉，口中念道：「褐碧玉啊，請加強我堅持下去的能力，促進我的耐力，賦予我成功所需的吸收能力，讓我保留必要資訊，釋放其餘部分。」

3. 當要用功或超時工作，或處於可能會被大量資訊壓得喘不過氣的情況時，都請將碧玉帶在身上。

◆―― 防止社交媒體過量魔法 ――◆

社交媒體能造福人群，因為它可以協助你與朋友保持聯絡，並遇見來自世界各地的人，但事實的另一面是，你也會暴露在令人不安的新聞、爭論、仇恨、事因中。除了減少使用社交媒體，或限制自己追蹤的帳號類型之外，你還可以試試這個魔法，保護自己不受社交媒體引起的情緒波及。

需要物品：

淺藍色蠟燭與燭臺、火柴或打火機、粉晶

📖 如何做

1. 歸於中心並接地。

2. 點燃淺藍色蠟燭。盯著蠟燭，感受它的藍色使你內心充滿平靜。

3. 拿起粉晶，目光重新聚焦，透過粉晶盯著蠟燭。

4. 口中念道：「粉晶啊，請幫助我過濾充斥於社交媒體的情緒。幫助我安全辨識要將時間與注意力投入在哪裡，才能安全地瀏覽網絡，不被恐懼、憤怒、痛苦所淹沒。幫助我抵抗標題黨、酸民、愧疚感。」

5. 將粉晶擺在蠟燭底部，靜待蠟燭燃盡。將粉晶帶在身上，或放在你最常上社交媒體的地方。

━━━ 防止過勞魔法 ━━━

　　過勞是指身體、心理或情緒因為過度操勞而崩潰，導致人變得無感、疏離，無法享受以往喜好的事物。要從過勞的狀態中復元並不容易。何不使用魔法來幫助你保護自己，防範這類情況的發生？這個魔法使用水的象徵來協助你順其自然，而不是奮力堅守原地卻反而令自己元氣大傷。

需要物品：

　　水、小碗或酒杯、浮水蠟燭、火柴或打火機

如何做

1. 在小碗或酒杯中倒進七分滿的水。

2. 輕輕將浮水蠟燭放進水中點燃。

3. 口中念道：「我很強大，我很平衡。我順水而流。乘浪前進的我發出明亮的火光。我不會倒下。」

4. 靜待蠟燭燃燒完畢。丟掉殘餘的蠟燭屑，並將水倒至戶外。

> 也請見本章的「說『不』的魔法（P.62）」，能幫助你拒絕某些任務，進而加強你安排進度的能力。

保護自己的情緒

　　情緒健康就和身體健康一樣重要。「心痛」不僅是一種詩意的裝模作樣。情緒對身體與心理健康皆有影響。保護你的情緒能量不枯竭，是魔法衛生學的基本一環。捍衛你的情緒能量不被他人榨取或流失也很重要。你愈能保衛自己的能量，就愈能在他人需要時伸出援手。

擺脫過去陰影的魔法

　　無論你喜歡與否，你的過去定義你這個人。你的童年、青少年時期、甚至昨天發生的事，都影響著你的抉擇與今日的你。然而，有些影響你的事並不健康、而且會阻礙你前進。生活在過去的陰影下會讓你躊躇不前，使你無法盡情活在當下。請以這個魔法來釋放這類負面事物，清除這些束縛著你、讓你無法活出當下人生的不健康羈絆。

需要物品：

　　一條 25 公分長的繩線或帶子、剪刀、藍紋瑪瑙 (Blue lace agate)

如何做

1. 歸於中心並接地。

2. 拿起繩子兩端，在自己面前向左右拉緊。口中念道：「**我不受過**

去的負力束縛。我將自己從過去的枷鎖中釋放。」

3. 放開繩子一端，任其垂下。拿剪刀將繩子剪成兩段。

4. 拿起藍紋瑪瑙。先貼近額頭，再貼近胸口。口中念道：「我釋放你，拖垮我的重擔。我釋放你，恐懼與悲傷。我釋放你，過去。我自由地向前邁進。」

5. 將繩子埋在戶外。把藍紋瑪瑙帶在身上，或存放在安全的地方。

心靈安康魔法

自我愛護具有無上的重要性。你的心值得好好保護！

需要物品：

粉晶、數片乾燥玫瑰花瓣、小木盒

如何做

1. 從第七章選一種你偏好的方法清潔粉晶。

2. 歸於中心並接地。

3. 捧著粉晶，貼近你的胸口，口中念道：「這顆粉晶就是我的心。」

4. 將玫瑰花瓣放進木盒中，粉晶放在花瓣上。口中念道：「我的心只屬於我；它很安全，不受攻擊、不受傷害、不受凌辱。」

5. 將木盒存放到安全的地方。

有時你能在市面上找到心形粉晶，是上述魔法的理想材料。

護心魔法

你必須守護心的能量，防止因他人而流失。即使你讓別人進入你的心，但讓他們耗損你的心的能量，對彼此的關係也是有害的。你需要健康地運作，才能讓彼此的關係平等。當然，有時你們當中的一人必須堅強起來，支持陷入痛苦的另一半，但如果你的伴侶不為你的健康著想，頻頻耗損你的能量，你就必須採取行動來保衛自己。

需要物品：

粉晶晶柱、用於項鍊等的銀鍊

如何做

1. 歸於中心並接地。

2. 捧著水晶，口中念道：「這顆粉晶就是我的心，這顆粉晶就是我的精神。它蘊含無窮盡的能量。它是我的寶庫，我的能量來源，需要時我隨時能從中獲得滋養。」

3. 拿銀鍊裹住粉晶，妥善綁好。口中念道：「我在此守住我的能量，我的精神。它屬於我，沒有人能在未獲得我允許的情況下拿走。任何時候都沒有人能耗損我的能量；這顆粉晶是我能量的深潭，永遠取之不竭。沒有其他人能取走這份能量。」

4. 將銀鍊裹住的粉晶存放在家裡或房間等安全的地方。

水晶柱是長形而非圓形的水晶，通常一端較凹凸不平。如果條狀水晶較容易取得，在這個魔法中也可以使用條狀水晶。銀鍊不需要是純銀的，象徵性的就可以了。

分手後的魔法

無論是大吵後與愛人分手，還是失去朋友，魔法都能幫助你安撫心痛，緩解痛苦。將這段關係放開能讓你繼續前進。這個魔法在分手過程中或分手後都可進行。

需要物品：

一把鹽

如何做

1. 前往有流水的地方，如湖泊、池塘、小溪、河流等。
2. 歸於中心並接地。
3. 將鹽握在手裡，將你對事情發展的種種情緒注入鹽中：沮喪、憤怒、悲傷、困惑等。也將你在這場關係中希望釋放的能量灌注到鹽中。
4. 口中念道：「**我釋放你**」，並將鹽拋進水裡。

情緒負力全面防禦手環

這個魔法十分簡單，每天都能進行。它能吸收你身邊的情緒負力，並且減少穿過防禦手環影響你的力量。

需要物品：

白棉線或輕量毛線、剪刀、隔熱碟、火柴或打火機

📖 如何做

1. 歸於中心並接地。

2. 剪下一段 25 公分左右的棉線或毛線。將線打結成環，套進手腕中。

3. 口中念道：「**白棉線啊，請吸收我周圍的負力，讓我的情緒平衡不受絲毫影響。**」

4. 將白棉線手環戴在手上一整天。入夜後拿下來，盤繞在隔熱碟中。口中念道：「**感謝你守護我的情緒健康。**」以火柴或打火機點燃棉線，讓其中的情緒負力焚燒成灰。

小提示

● 你可以使用縫紉線替代輕量毛線，只要確定它是純棉即可，才能充分燃盡。

第三章
房屋與住家

你家的精神身分是由其自身（建築、色彩、家具擺設等）的能量、居住在其中者（包括寵物等動物在內）的能量、所在的那片土地的能量、周圍環境的能量等構成。盡量將這些能量維持正向，是再合理不過的事。你的家是你的避風港，或應該成為你的避風港！因此，請盡力將它變成純粹、滋養身心的地方。

保護你的住家

　　為什麼要守護你家的房屋？當然，是為了防止有人闖入，但也是為了不讓負能量附著在屋裡。那股負能量會發揮近似氧化的作用——讓家裡的能量明亮光滑的部分生鏽。請擦去那層鏽斑。更好的做法是定期刷洗那些光亮的部分，使其不生鏽，讓家裡只剩下有助益、乾淨的能量，為屋裡的每個人帶來正面的效應。

　　要淨化（有時是清潔）某物，意味著去除負面或不樂見的能量，或將之轉化。「清潔」（cleanse）這個詞較常用來描述物理層次的轉化，「淨化」（purify）則用來描述能量狀態的轉化；如果沒有特別指明，本書會交替使用兩者，因為物理狀態也影響著物體或空間的能量（例如凌亂房間的能量，往往不同於整潔房間的能量）。清潔與福佑是所有保護型魔法的核心。負面或不受歡迎的能量一被清除，下一步就是特意以指定能量來充滿這個地方或物體。這通常稱作福佑（bless），亦即要求正能量圍繞這個物體或空間。大自然是不喜真空的，所以沒有召喚正能量的話，任何一種能量都可能進入這個空間或物體，取代先前的能量。如果你能掌控進入其中的是哪種能量，就能依你的需要或慾望微調家裡的能量。

考慮事項

　　嘗試保護住家時，有幾點要謹記在心，大多是與倫理有關的事項。

　　施法守護住家時，必須考慮到倫理邊界的問題。你確實必須考慮自身的安全與福祉，但同一個屋簷下往往還有其他人居住。如你在本書前文讀到的，萬物都有能量連結，如果你撼動一個元素的能量，那

種變化產生的漣漪，會波及同一個區域的所有其他能量。換句話說，會影響到住在同一個家中的人。

　　PART1 提到身為父母與寵物主人的責任。基本上，身為家長或監護人，你要為自己照顧的未成年人負起法律責任，為其福利做出相關決策。你保護住家並以魔法維繫其能量的決策，也影響著他們。理想上，你所做的每件事都要造福家裡。

　　倫理上，重要的是要記得，你的舉動都在影響著家人。你對其他成人不抱有相同的責任，但事實上，一般會認為替他人做決策是侵害對方的自由意志與自我決定的權利。改變住家的能量會影響他們及他們在其中生活的方式。在你以魔法清潔並保護住家時，請謹記這點，也請記得，你努力的目標是讓家裡成為安全、平衡、和諧的避風港。

多為住在同一個屋簷下的人著想

　　既然你的首要目標是去除負力，才不會吸引更多負力，就和拿拖把拖地一樣，你的魔法一般來說應該要造福家人。如果你的魔法會大幅改變能量，帶來實質的變化，請向住在同一個屋簷下的人提及這件事，甚至事先徵詢他們的意見，會是較體貼的做法。你可以簡單地問：「嘿，我想做點事，處理一下我們沒有人想走近的那個角落，因為那裡令我們起雞皮疙瘩。你們同意嗎？」你甚至可以請他們伸出援手。

好鄰居不會試圖干涉住在附近的人或造成他人不便。然而也有人說：「籬笆築得牢，鄰居自然好。」你在自家施法時，請務必讓魔法在你家的地產邊界止步。鄰居的地屬於他們自己，你無權干涉。

不幸的是，有些鄰居不照規矩來，或他們沒有那麼體貼。噪音、負力和其他惱人的刺激會從他家飄到你家。不過要記得，你沒有權利施法阻止他們；你擁有的是捍衛自己不受他們影響的權利。樹起你的魔法籬笆吧！

更多資訊

更多關於感受並運用能量的資訊，請見我的著作《Power Spellcraft for Life》（給人生力量的魔法）。

維護魔法效力

你愈了解自家能量的基線在哪裡，就愈懂得如何維持住宅健康。時時追蹤微小的變化，能協助你在問題愈滾愈大之前先下手處理。要未雨綢繆，你必須變成評估家裡能量的高手。要如何做到這一點？

感受能量的方法因人而異，對從未涉足過這類事物的你來說，觀察人們最常用哪些方法會很有幫助。「感受」很能充分描述這種情形，因為這個詞沒有指出你是以哪個感官來感知或與能量互動。人們被問到這個問題時，大多會說他們「感覺」到能量，而「感覺」這個詞仍然沒有指明或限制你要以哪個感官來感覺能量。

以下是感受能量的一個簡單練習。

感受能量的練習

這項練習能幫助你探索要以哪種方法感受能量，這是你施法保護住家時的寶貴技巧。請拿出筆記本、原子筆或鉛筆來做筆記；第一章曾提到，這是為了做施法紀錄。

在本書大多數的魔法中，你可以隨意選擇要不要設立魔法圈，但在這個練習中，請務必設立一個魔法圈；它有助於你在專心感受手中物件的能量時，擋掉令你分心的其他能量。

需要物品：

一小碟鹽、筆記本、原子筆／鉛筆、一小碟水、茶蠟
火柴或打火機、小樹枝、小盆栽或盆花
白水晶、粉晶

如何做

1. 洗淨並擦乾雙手。

2. 設立防護魔法圈（見第一章 P.19）。

3. 歸於中心並接地。

4. 像要甩乾水般甩手。深呼吸三次。

5. 雙手在鹽的上方輕輕交握。想像能量流經你的身體，向外接觸到鹽的能量。感覺起來如何？有實際感受嗎？會令你想起任何事，或觸動任何回憶嗎？會改變你的情緒狀態嗎？還是感覺異樣卻說不出所以然？感覺是好還是壞呢？

6. 給自己一些時間，用雙手的能量探索鹽的能量，接著輕輕放低手，讓手指確實碰到鹽。你對鹽能量的感受改變了嗎？

7. 探索完鹽的能量後，移開手輕輕刷一刷，再甩甩手，幫助手休息並恢復元氣，擺脫任何附著的能量。花一分鐘寫下你對鹽的能量有何印象。

8. 對水、蠟燭（將雙手伸到蠟燭兩側而非上方，別碰觸火焰）、小樹枝、盆栽或盆花、白水晶、粉晶重複進行上述步驟。每次都做筆記並甩甩雙手。如果任何時候你需要休息，就休息片刻。不過，要記得你的魔法圈還設立著，所以不要走出魔法圈外。如果你必須走出魔法圈，請像打開窗簾一樣將魔法圈的能量牆打開再走出，然後讓它在你身後關閉。重新回到魔法圈時，也重複這個步驟。

9. 完成練習後，花一分鐘歸於中心並接地。撤掉魔法圈，然後伸展手腳，讓自己確實回到物理世界。喝一杯水或吃點東西。

> 探索兩種水晶是為了試驗你的感受能否區分這兩種相近的寶石。這是兩種在保護魔法和魔力維護中最常見的水晶。

綜觀家中能量

在這項練習中，你將造訪家裡的每個房間，記下你的感受。你可以藉由這種方式熟悉目前的情況，日後查看時就能參考你的筆記，確認是否有任何需要留意的改變。如果你家很大，這個練習就會很長；必要的話中途休息一下，喝幾口水或啃幾口水果後再繼續。如果你不習慣聚焦於能量，這項任務可能很累人，所以別把自己逼得太緊。

需要物品：

　　筆記本或魔法日誌
　　原子筆或鉛筆

如何做

1. 選擇要從哪裡開始。前門（或最常出入的門）是很好的起點。請翻到魔法日誌新的一頁，寫下日期，然後寫幾句話說明練習意圖。記下時間、天氣，還有任何你希望追蹤的事（當時有人在屋裡嗎？記下來可能會是好點子）。

2. 歸於中心並接地。如果你目前設立著個人基本防護盾，請先撤下。如果你對完全撤掉有疑慮，那可以減少其強度。

3. 延伸一部分的個人能量到你所在的房間裡。敞心接受從中獲得的印象。這個房間給你什麼感覺？有沒有給你任何情緒影響？心理影響？還是某種身體反應？它是否令你想起某樣事物或某個地方？請記在日誌裡。

4. 在房間內四處走動。能量是否有任何變化？是否感覺得到在某個地方特別強烈，而在其他地方較弱？房裡的哪個區域特別令你感覺舒服或不自在？請記在日誌裡。別忘記向上看看天花板，向下看看各個角落。

5. 房間裡是否少了些什麼？是否感覺不太平衡？你覺得要如何協助彌補那種不平衡？也請把那些想法記下來。

6. 移到另一個房間重複相同過程，把一切感受或想法寫下來。繼續以這種方式巡視完每個房間。也別忘記浴室、閣樓、地下室、儲藏室，以及任何其他你不定期造訪的房間。

7. 如果你家的廊道或走道很寬，請以個別房間看待。

8. 完畢後，歸於中心並接地，接著伸展手腳。為自己泡一杯茶，或喝一點冷飲，吃點東西來幫助自己重新落定在物理世界中。接著溫習你的筆記，為每個房間標出一兩個關鍵字。

9. 日後你想改變家裡的能量時，這份研究將成為你的基本參考資料。

小 提 示

● 畫出房間地圖並標出不同能量區域，對你可能有幫助。你可以畫出整棟屋子的平面圖並做出同樣的標示。

● 研讀筆記能多了解各房間的性格或個性及顯示出事物前所未見的一面，例如某元素能量在某個房間偏多（如火可能對創造力大有助益，但也可能激發對立與衝突），你也許想予以平衡（見本章下文）。

● 如果你要為整棟屋子進行大清潔／福佑，用這個練習來準備再好不過，如此一來，你就能判別在清潔／福佑過程中，是否需要對某些區域多加關注。儀式完成後，請等一天左右讓能量就定位，然後再重新操作一遍，感受一下這個新常態。清潔並祝福屋子就和清洗黑板一樣，能重新開始整頓能量。

前述感受能量的練習需要為自己設立魔法圈，但在這個練習中，因為你要四處走動，所以不容易設立魔法圈。你可以不立防護盾做完練習。然而，如果你居住的地方有許多負能量，請回顧第二章的「基本防護盾（P.35）」。要記得，你在這裡的用意不是要擋掉所有能量，因為你得去感受房間裡的環境能量；請單純地想像你的防護盾具有穿透性，至少要能讓你「品嚐」到四周的能量，但又不被完全淹沒。換句話說，請減少防護盾的強度。

魔化清潔用具的防護魔法

　　正如每年為你的車進行總檢驗與調整很重要，定期進行魔法清潔也是維護家中能量健全的一種負責方式。能量衛生良好的住家較不會吸引麻煩，只要一點預防，就能省去日後為矯正而必須付出的大量心力。為你的清潔用具編定魔法用途，是維繫住家魔法能量最簡單的方式。既然你也會定期清掃家裡，那何不將魔法清掃的工作與實際的打掃工作結合在一起？

需要物品：

　　清潔用具（噴罐、去污劑、清潔刷、洗潔劑、破布等）

如何做

1. 歸於中心並接地。

2. 雙手捧著用具或在用具上方交握。口中念道：「〔用具名稱〕啊，請成為我光明的烽火、良善的光輝。驅逐任何負力或邪惡的痕跡，保護這個地方。請成全！」

3. 依製造商指示使用用具。

小提示

● 如果你偏好自行製作清潔用品，那一製作混合好就可立即授能。

● 一買下新的清潔用具帶回家，就可以進行授能，使其隨時待命。

● 你可以每年進行幾次授能，或每次使用這個清潔產品就為之授能。自行決定即可，只要功效發揮到最大就好！

—— 維護檢查 ——

　　如果你必須更新或加強目前的保護與防衛，可以進行這項檢查。何謂「定期」進行魔法清潔，意思因人而異。但如果你家裡的互動頻繁、陌生人多，或因為地點或房客個性的關係充滿能量，那應該要更常加強目前的防護或重新加持。你可以設定要在哪些時候定期淨化，或一有需要就這麼做。這項檢查能幫助你了解何時是淨化的時機。

需要物品：

　　魔法日誌
　　原子筆或鉛筆

如何做

1. 溫習你最早檢查住家能量時所做的筆記，也回顧後來檢查時所做的任何筆記。然後翻開新的一頁，寫下日期，記下時間、天氣，以及你希望追蹤的任何事項。

2. 歸於中心並接地。如果此時你正設立著個人基本防護盾，請先撤下。如果你對完全撤下防護盾有疑慮，可以減少其強度。

3. 請從你第一次進行檢查的起點開始，依序在屋內移動，沿著先前的練習感受每個房間的能量。要特別留意上次你記下有問題或異常的地點。有改變嗎？是變糟還是變好呢？請逐一記錄。

4. 每個房間的能量都感受過後，請再度歸於中心並接地，喝一點飲料，吃一點零食。回顧你的筆記。如果一切都和上次一模一樣，可能就不需要立即進行維護工作。如果事情未達到應有的基準，請評估有多少落差，以及要將事情帶回基準必須進行哪些魔法或儀式（請參考本章下文說明）。

● 你愈常進行維護，就愈能感受到房間的能量，當家裡某處出現不對勁時，即使不做正式的檢查也能判別出問題。

　　如果情況較上次做完維護工作後好，那你要怎麼做？什麼也不用做！心懷感恩即可。這表示事情一帆風順。

—— 能量的季節性維護 ——

　　這個維護魔法要在每次滿月時執行，但你可以依自己的需要更改時程表：春分、夏至、秋分、冬至也是好時機，或在每個月的第一天施法——只要對你有效就好。看日曆安排固定時間，在每個月的同一天安排定期清潔工作，對你來說功效最好也不一定，這樣有助於保持固定節奏。請選擇一個最不會妨礙你日常行程、最不會造成麻煩的時間。重點是要能定期執行——依你的空間需要，在你的日常行程允許下，訂出你的定期維護時間。

需要物品：

薰香（檀香、鼠尾草、乳香或其他選擇）與香爐

火柴或打火機

一碟水

一茶匙鹽

📖 如何做

1. 滿月當天、前一天或後一天,將你需要的物品備齊。歸於中心並接地。

2. 口中念道:「**負能量、黑暗、疑心、恐懼啊,我驅逐你們。在我的意志力量下,我將你們從此地送走。**」

3. 拿著薰香以逆時針方向繞行屋子。走進每個房間,並以逆時針方向繞行,另一隻手將煙揮入角落及大型家具周圍。請將負力觀想成一團濁霧,煙一進入霧中就將它驅散。如果你喜歡,在屋裡四處移動時,可以反覆誦念上述文字。

4. 回到出發點時,放下香爐。將鹽撒進水中,從地面汲取能量,感覺能量透過手臂向下流到手指,再進入水裡,以手指攪拌。

5. 口中念道:「**安全、好運、健康、富足啊,我邀請你們來到此地。請以你們的諸多福氣充滿這個空間,保佑我們安好。**」

6. 拿著鹽水以順時針方向繞行屋裡。繞行各房間時,以手指沾水彈向空中。如果你喜歡,在屋裡四處走動時,可以反覆誦念上述文字。

7. 回到出發點時,放下鹽水並念道:「**此事已成。**」

—— 房間煙燻魔法 ——

如果你在維護檢查時,發現家裡有個區域特別寒冷,或是正有一位攻擊性極強或帶有負力的客人在,或是家裡正發生一場大爭執,以煙燻能有助於消除任何殘存的負力。

需要物品：

    煙燻棒

    火柴或打火機

    隔熱碗

 如何做

1. 點燃煙燻棒一端。乾燥草藥草點燃後，就輕輕將火吹熄。你可以將煙燻棒拿在手裡點燃，把碗放在底下盛接灰燼，也可以將煙燻棒放在隔熱碗裡，拿著碗點燃煙燻棒。

2. 口中念道：「**負力啊，我驅逐你；這根鼠尾草煙燻棒的淨化能量驅逐了你。請只讓和諧與純淨留下。**」

3. 讓煙飄盪在需要清除負能量的各處空間。然後捻熄煙燻棒。

4. 讓煙停留在這個空間中幾分鐘，然後打開窗戶或開抽風機讓空氣流通。觀想負力隨著鼠尾草的煙飄散。

小 提 示

● 焚燒鼠尾草會產生強烈的氣味。你可能要事先確認房間的空氣流通；煙燻棒也會產生大量濃煙。煙燻的時候，少量即可！

● 煙燻棒的類型五花八門。鼠尾草有很多不同種類（都能用來淨化與清潔），也能與薰衣草、雪松等其他藥草混合。請選擇最吸引你的材料。

● 你不需要用完整根煙燻棒。施法結束後，在隔熱碗或沙堆裡捻熄煙燻棒，待其冷卻後再以鋁箔紙包裹起來，便可留待下次需要時使用。

● 這個魔法也可用甜草辮 (sweetgrass braid) 來進行。

煙燻是驅逐負能量，使失常恢復平衡的一個迅速、簡單的方法。請參考第二章的煙燻淨化（P.44）說明。

淨化噴霧

水是非常實用的元素。我們經常以水清洗，而噴霧就是打破家中負力的一個簡單的方法。

需要物品：

一茶匙乾燥迷迭香

馬克杯、四分之一杯沸水、咖啡濾紙或細篩、小噴霧罐

蒸餾水、三滴檀香精油、三滴檸檬精油（果汁亦可）、一撮鹽

如何做

1. 將乾燥迷迭香放進馬克杯中，倒入沸水。等五分鐘待其泡開，然後以濾紙或細篩將水過濾進噴罐。

2. 以蒸餾水填滿噴罐。

3. 加入檀香精油、檸檬精油、鹽。將瓶口旋緊搖一搖，混合所有原料。

4. 設定為細噴霧後，開始在房間中央噴灑。請不要直接噴在家具上，不然家具會浸濕或濕透。只要任細噴霧去散布能量即可。

5. 依你的需要驅散負能量。

● 可將噴罐放進冰箱，以免發霉。需每個月更換一次溶液。

———— 福水 ————

　　許多文化都有福水或聖水的概念。一般認為水是強大、具有轉化威力的元素，加強其威力的民俗方法不勝枚舉。舉例來說，將純銀液體滴入一杯水中，就是給水賜福；如果要用聖水來療癒，那有時會用金而非銀，因為金與太陽有關。藥草也是常見能增進水的力量的材料。以下的魔法是使用聖約翰草 (St. John's wort) 來同時福佑人與房屋。

需要物品：

　　四分之一杯蒸餾水、附蓋的玻璃瓶
　　一茶匙聖約翰草、泡茶球或泡茶器

如何做

1. 歸於中心並接地。

2. 將水倒進玻璃瓶中，聖約翰草放進泡茶球或泡茶器中，浸入水裡。

3. 雙手在玻璃瓶上方交握，口中念道：「**大地之草啊，請賜福於水的造物，讓它享有你的保護與療癒力。請成全。**」

4. 將玻璃瓶放在窗臺，接受日光或月光（或兩者）的照耀，靜置滿二十四小時。

5. 取出泡茶球或泡茶器，旋緊蓋子。將玻璃瓶放進冰箱。

6. 噴福水在你想淨化或保護的物體上，或當成塗抹自己的*液體*，洗澡時也可以加一點到洗澡水裡。

小 提 示

● 陷入困境的時候，在水中加鹽便是你所能製作最簡單的福水。
● 實驗看看以雨水或融化的雪水來製作福水的效應。

福水的用途

福水能當成擴大、加強魔法或藥水功效的基礎。你可以添加各種原料來調整或促進某些能量，或在施法時加入使用福水的額外步驟，使其進一步支持你的目標或目的（提醒一下，本書提到的福水皆不可飲用）。以下是幾個建議：

● 製作福水時，請祈禱、誦念肯定語，並觀想你製作福水的目的和目標，將特定意念注入福水當中。
● 將福水倒進銀色的碗裡（如鋁碗或不鏽鋼碗），在滿月之夜置於戶外，吸收月光的能量。如果你擔心水被戶外動物喝掉，可以將碗留在室內窗臺上。
● 將藥草浸泡於福水中幾天，就能作出藥草水。請將製成的液體以咖啡濾紙或乳酪濾布濾到瓶子裡，然後蓋上蓋子放進冰箱。要早點使用完畢，因為藥草水的效期不長；每次只要製作少量即可。
● 可以加一點精油到福水中，如檀香、玫瑰、乳香、檸檬等。
● 將第七章列出的任何一種保護性礦石浸泡在福水中，就能製作出寶石水。

四賊醋

四賊醋是傳統花草醋，據說是中古世紀幾名盜賊在黑死病流行期間使用的醋。他們被逮捕後，他們提出用維持健康的配方醋來交換自由。之後流傳下來的配方有各種版本，以下是簡易版。請用來擦拭病房或塗抹門窗，以防止病魔入侵。

需要物品：

附蓋子的罐或瓶
兩杯紅酒或蘋果醋
各兩茶匙乾燥的藥草：迷迭香、鼠尾草、芸香、薰衣草、薄荷
九株丁香

如何做

1. 歸於中心並接地。

2. 將醋倒入瓶罐，加入各種花草。蓋上蓋子並輕輕搖晃。

3. 讓醋浸泡在瓶罐裡七天以上，每隔兩三天輕輕搖晃幾下。

4. 使用時，請將一些醋倒進一小桶溫水裡，用桶中的水拖地以去除負能量，或用布沾醋擦拭門與窗框。

小 提 示

● 你也可以用四賊醋塗抹保護或袪惡魔法所要使用的蠟燭。

佛羅里達水

佛羅里達水 (Florida Water) 是美國版的法國古龍水，能緩解頭痛、促進放鬆、提神醒腦，並為衣服與亞麻布品添加香味。佛羅里達水和大多數香水一樣有酒精基底，並使用精油。

需要物品：

附蓋或木塞的瓶子或玻璃罐、一杯伏特加或其他酒類

三茶匙橙花水、三滴檸檬精油

三滴迷迭香精油、三滴薰衣草精油、三滴玫瑰精油

兩滴佛手柑精油、一滴鼠尾草精油、一滴橙花精油

如何做

1. 歸於中心並接地。

2. 將酒倒進瓶罐中，加入橙花水與各種精油。

3. 蓋上蓋子，輕輕搖晃瓶身混合。

4. 使用時，請加入幾滴水，然後噴灑全身、沙發或床單。也可以倒進一桶溫水中，以此水拖地或用布沾濕後擦拭家具（先在不顯眼的地方試擦看看，確保不會使家具掉漆）。

小提示

● 可以加幾滴佛羅里達水到福水中。

● 可以加幾滴佛羅里達水到淨化寶石的水裡，洗去不樂見的能量。

● 在不愉快的邂逅或碰到負面的人之後，也能用佛羅里達水擦拭你的雙手，去除身上令人不悅的能量。

一般居家保護

你家就是你的城堡，應該要好好守護。不過，沒有護城河，沒有弓箭手在城垛上戒備，也沒有和善的龍在四周巡視是否有不友善的攻擊者，你要如何保護你的城堡呢？

令人不悅但並非不好

請注意本書中有些地方會形容某些能量是令人不悅或不樂見的，但那並非負能量。有時能量是正面的，只是那個地方並不需要。例如，安撫並促進睡眠的能量是正面的能量，但在居家辦公室卻不樂見，因為你辦公時可能希望保持警覺，做事有成效。

天堂信

天堂信的德文原文「Himmelsbrief」，顧名思義是「來自天堂的信」，是一種祈求保護的書寫信件。流傳至今的天堂信有幾個固定的版本，自行創造的天堂信含有出自你的意志、你的特定需要、你的能量的魔法，你可以使用圖片裝飾來支持你的目標。使用以下的魔法或自行寫一封信皆可。書寫魔法的關鍵是，在製作期間要專注在你的目標，才能充滿你的能量與意圖。

天堂信能使用在許多地方。房子興建時會將信埋在其中，或裱框掛在牆上；有些版本甚至是寫來直接保護人，而非由住家延伸到人身上。以下的版本是懸掛在牆上的版本。請發揮你的想像力：創造出一頁剪貼、一份拼貼，或是使用繪布顏料……任由你的創意天馬行空！

需要物品：

寫草稿的廢紙、空白紙張（至少 13 × 18 公分，顏色任選）
原子筆或鉛筆、尺、顏料、麥克筆、色鉛筆、貼紙、照片
圖片（非必要；見以下指示）、信件框（配合紙張尺寸）

如何做

1. 用廢紙為你的天堂信起草。你可以直接使用下面的書寫魔法，或自行決定要寫哪些內容、如何措辭、如何安排版面、如何繪製插圖。

2. 歸於中心並接地。由於製作需要一段時間，請你設立基本魔法圈（見第一章 P.19），在魔法圈中寫天堂信。

3. 將完成的草稿謄入空白紙張。預留書寫魔法的空間，寫下以下文字（或你自行編寫的魔法）：

以四周宇宙之力，
天空在上，大地在下，
讓惡念或災禍穿不透四壁，
讓這棟房屋成為安全、舒適的避風港，
以受尊崇的元素之名，地、風、火、水。

4. 依自己的意思畫圖或裝飾紙張的剩餘部分。

5. 撤下魔法圈。

6. 必要的話，請待紙張乾透後再裱框，然後懸掛在適當的地方。

小提示

● 傳統上，魔法工作都要親手來，才能將那一天、那個時代的個人能量盡量灌注其中，但也沒道理不能製作一封數位天堂信，再列印出來。你也可以用數位相框展示。請發揮你的想像力！

● 如果這個魔法吸引你，可以稍做變化，為家裡的每個房間各製作一份保護或召喚的小型拼貼或藝術作品。

印度與伊斯蘭文化也有類似的保護書信。將這類保護魔法融入住家的一個現代方法是先以電腦設計，印在繪布轉印紙上，熨進布料，然後縫製成枕頭或毯子。

—— 簡易居家祝福 ——

寫有歡迎字樣的門氈、木牌，印有「祝福這個家……」(Bless this house) 的老派作品，都有為住家迎進正能量的用意。以下的魔法以照片、素描或其他藝術為福佑住家的主要基礎（你會做針繡或刺繡作品嗎？羊毛濕氈、布氈或針氈呢？你甚至可以編織或鉤織一個小型的房子形狀，再填入填充物！）不是非得要製作出精準的複製品來，所以不要把自己逼得太緊；請選幾個你家的特色來設計圖案，例如山形牆或門廊，以這些特色及外觀色彩為製作焦點。

需要物品：

你家的圖像

乾燥玫瑰花瓣

乾燥薰衣草

四個茶蠟

火柴或打火機

 ## 如何做

1. 歸於中心並接地。

2. 將住家圖像擺在施法區中央。四周撒些玫瑰花瓣，接著撒上薰衣草。

3. 在距離住家圖像 5 公分左右的四個角落各擺一個茶蠟。點燃後口中念道：「我在此召喚北、東、南、西方的能量來福佑這棟房屋。讓這棟房子只要還在，就充滿著幸福、健康、好運。」

4. 靜待茶蠟燃燒完畢（應該要三到四小時）。將住家圖像擺在你選定的地方，請試著擺在家裡人來人往最頻繁的地方，例如客廳。

5. 收拾好乾燥玫瑰花瓣與薰衣草。你可以撒到屋外，或保留下來做成保佑住家的香包。

> 你不需要創作精美的藝術作品。如果你是自行創造你家的圖像，那就會帶有你創造時的能量。如果你自認沒有藝術天分，或不信任自己的工藝技巧，也可用自家的相片替代。

使用共感魔法的住家防護魔法

共感魔法是使用小型代表物來代替你的施法對象，使用原則是，在模型上施行的魔法，也會實現在真人實物上。這個魔法使用的是你家的迷你模型。你可以自行打造模型，用黏土、冰棒棍、樂高積木，或任何你偏好的材料皆可。住家的實物材料則可取用油漆碎片、修房子留下的碎屑、外牆刮下的磚塊屑，或是任何類似的碎屑。加入這些碎屑的用意是加強房子實體與代表物之間的連結。

需要物品：

製作房屋模型的材料、房屋的實體碎片或碎屑、黑色絲質袋子

一撮迷迭香、一撮肉桂

黑色電氣石、紫水晶 (Amethyst)

黑色絲帶或繩線

如何做

1. 備齊所有用具。

2. 歸於中心並接地。由於製作時間較長，請樹立一個魔法圈（見第一章 P.19）。

3. 打造你的住家模型，過程中要設法將房屋的實物碎屑融入其中。

4. 模型建好後，請捧在手裡，口中念道：「**這是我的房屋，這是我的家。**」

5. 將模型放進黑色絲質袋子中，花草與寶石也放入。以絲帶或繩線封緊袋口，口中念道：「**我的房屋一切安全，我的家一切安全。**」

6. 把模型存放到安全的地方。

縫製黑色絲質袋子時，可拿一條長方形絲布來做，長是寬的兩倍，對折後縫製左右兩側，留下開口，就是正方形的袋子。

保險箱魔法

如果你有保險箱，就能進行這個保護住家的絕佳魔法！這也是一種共感魔法，以代表你家的物品為施法對象，效力會轉移到較大的實體房屋上。

需要物品：

你家的相片或圖畫、原子筆或鉛筆、保險箱

如何做

1. 歸於中心並接地。

2. 將你家的相片或圖畫翻到背面，寫下地址與所有家裡成員的姓名。

3. 把相片或圖畫帶到你租用保險箱的銀行或機構。等只剩你和保險箱單獨留下時，請兩手拿著相片或圖畫，口中念道：「**這張圖像就是我的房屋，這張圖像就是我的家；確實如此。**」

4. 將相片或圖畫放進保險箱。蓋上蓋子時，口中念道：「**這份文件已獲得保護，我的家也因此獲得保護。**」手指在保險箱蓋子上畫出代表繼承、地產、家庭的盧恩符文「歐瑟拉（Othala）」（P.207）。請先舔一下手指再畫符文，以加強其中的能量。

5. 請人員將保險箱放回原處。

● 這是與你的產權契約有關的絕佳魔法，如果你的房子是屬於你所有，在這個例子中，你不須寫下地址，事實上更改地址也不是好主意，因為契約是法律文件。請拿另一張紙寫下訊息，包括施法要念的文字，然後把紙張夾在契約第一頁。

● 如果你是租屋，請用你的租約來施法，完畢後擺進信封封好，或放進文件夾收進文件櫃或其他安全的地方。

● 如果你沒有向銀行機構租用保險箱，也可以家用保險箱來施法。

聖誕樹幹魔法

　　如果聖誕節時你會使用真正的樹，可以用原木樹幹來進行住宅的年度保護魔法。松樹 (Pine) 與淨化和保護有關。購買時請商家將樹幹底部保留下來。我們家將這 2 到 5 公分的一齒木頭稱為聖誕樹幹 (Yule log)。傳統的聖誕樹幹與太陽復歸有關，人們會在爐火燃盡木材前，將這段木頭從壁爐中拿出來保留一年，做為防止健康惡化、厄運、危險的護身物。

需要物品：

　　乳香與香爐、火柴或打火機、樹幹底部（自行或請商家鋸下）
　　檸檬或柑橘精油（果汁亦可）

📖 如何做

1. 歸於中心並接地。

2. 點燃薰香。

3. 拿木頭過香祈福。

4. 手指沾一點柑橘精油，在樹幹的切面畫一個太陽圖形，口中念道：
   「**聖誕樹幹啊，請賜予我們健康與福氣，讓我們安度一整年。此事已成。**」

5. 再度拿聖誕樹幹過香。然後安全地放在靠近你家中央區域的地方一整年。

6. 來年帶新的樹幹回家時，請帶著感恩處理掉前一年的樹幹，你可以把它燒掉或當成肥料。然後為新的樹幹進行同樣的魔法。

小 提 示

● 如果你沒有樹，也可以蒐集乾松針來進行這項魔法，修枝或剪枝做成花圈。

◆━━ 馬蹄鐵 ━━◆

馬蹄鐵是常見的好運象徵，其中的鐵能逐退邪惡。如果你有馬蹄鐵，可以掛在屋內前門上方或正對面。

需要物品：

馬蹄鐵、釘子、鐵鎚

 **如何做**

用釘子把馬蹄鐵釘在家裡前門的上方。掛的時候要留意開口向上，才能接住並留住好運。如果開口向下，據說運氣會流失。

小提示

● 有些傳統文化對馬蹄鐵的方向有相反的解釋，認為開口向下才能將運氣注入你的房產。請自行判定哪種對你來說較有道理，並依此擺放馬蹄鐵。

> 鐵匠通常是唯一能讓馬蹄鐵開口向下懸掛的人，這樣才能讓好運注入他們的冶鐵爐。

掃帚魔法

在所有的魔法工具中，掃帚是最實用的魔法維護用具。沒有其他工具能更簡潔（請容許這裡的雙關）傳達清掃的概念。或許是因此，掃帚在民俗中有不少相關用途。請使用自己的掃帚來保護住家。

需要物品：

薰香（乳香或檀香）及香爐、火柴或打火機、新掃帚、簽字筆

 **如何做**

1. 歸於中心並接地。

2. 點燃薰香，拿掃帚過香，去除它帶進家裡的任何能量。

3. 拿簽字筆在掃帚握把上寫下「**我會掃走負力**」（I sweep away negativity）或你選定的類似字句。請從接近掃帚毛的地方寫起，繞著握把往上寫。寫完後念道：「**此事已成。**」

小 提 示

● 如果你喜歡，可以將字刻在掃帚的木製握把上，但刻字時記得有適當的安全預防措施。也可以把字烙在握把上。

● 如果到了必須丟掉掃帚的時候（例如握把斷裂或掃帚毛掉光），請在丟棄前表示感恩。絕對不要將掃帚從一間屋子拿到另一間屋子使用。請丟掉舊掃帚，再買一把新掃帚。你不會希望把一個地方的負能量帶到另一個地方。

● 借用別人家的掃帚也不好，因為有帶來未知或不樂見能量的疑慮。

> 任何掃帚都能使用，但有木製握把與稻草掃帚毛的掃帚能帶來較多的自然能量，對你的魔法更有助益。

新年魔法

　　請在新年期間（蓋爾人的薩溫節〔Samhain〕或新曆年皆可）用自家掃帚掃走負能量。這種民間傳統也可見於數種不同文化，能讓住家在新的一年重新出發，減少厄運或負力延續到新一年的機會。請在日落或午夜施展這項魔法。

需要物品：

掃帚

如何做

1. 歸於中心並接地。

2. 從前門開始清掃地板，同時觀想過去一年的所有憤怒、壓力、痛苦、悲傷都聚集到掃帚毛下。來回掃地，最後逐漸來到房子的後門。

3. 打掃完整棟房子來到後門時，打開後門，將厄運與舊能量掃出門外。甩一甩掃把。關上門，再回頭打開前門，讓正能量與新年的潛能流進你煥然一新的居家空間。口中念道：「**歡迎你，新年。請為這個家帶來你的福氣與好運。請成全！**」

小 提 示

● 喜歡的話，可以在這項大工程結束後，拿著掃帚穿過淨化的煙再度過香。請見前一個魔法溫習一下如何過香。

◆━━ 早安快速魔法 ━━◆

這是一大早迅速更新家中能量的快捷方法。在泡咖啡或泡茶時，以此展開新的一天，是一件美好的事。

需要物品：

掃帚

📖 如何做

拿掃帚打掃房子，觀想腐敗或負面的能量被你一掃而空，留下新鮮、閃閃發光的能量。喜歡的話，可以一邊打掃一邊念道：「**我在此歡迎新的一天，但願宇宙賜予我力量，保護我安全又健康。**」

清潔粉

在打掃前需要一點分解能量的東西嗎？可以在打掃一個區域前灑上這種清潔粉，它會吸收並中和負力。

需要物品：

杵臼（研缽與研杵）、掃帚、畚箕
一把鹽、一茶匙鼠尾草、一茶匙迷迭香、一茶匙肉桂

📖 如何做

1. 歸於中心並接地。

2. 將所有配料放進研缽，以研杵磨細。不須完全磨成細粉，只要讓藥草變小即可。如果研缽不大，可能要分開研磨每種配料後再混合。

3. 將研缽拿進要打掃的房間，將粉撒在地板上。

4. 讓粉留在地上至少一小時；隔夜會更理想。

5. 用掃帚把粉掃進畚箕。打掃完畢後，將畚箕內的東西倒進馬桶沖掉。

小訣竅

● 你也可以不使用研缽與研杵，改將所有配料放進攪拌機攪成粉狀。

● 如果粉有剩下，可以儲放到小容器裡，留待下次使用。要記得貼標籤說明內容物與製作日期。

洋蔥與檸檬淨化法

有時家裡可能只有某個地方需要你特別留意。以下是另一種簡單的民俗清潔法。

需要物品：

半個檸檬或洋蔥、小碗或淺碟

如何做

1. 將檸檬或洋蔥放進碗碟裡，擺在想清除負力或不樂見能量的房間。

2. 將檸檬或洋蔥靜置在那裡三天，然後拿到你的產權外丟棄。

小 提 示

● 如果負力的情況很嚴重，請在房間的每個角落放半顆檸檬或洋蔥。

● 如果你有寵物，請用檸檬就好。洋蔥對狗貓有毒。

寶石防護魔法

使用水晶或其他寶石來淨化或維護一塊區域的清潔，是維持房間或房屋能量的簡易方法。

需要物品：

白水晶

📖🌿 如何做

1. 從第七章選一種你偏好的方法來清潔寶石。

2. 歸於中心並接地。

3. 將水晶拿在手裡，口中念道：「水晶啊，請保護我不受負力侵擾。守護這個房間不受惡念、不幸、衝突侵襲。」

4. 將水晶置於房間中央或它最能「看見」整個房間的地方；書架高處的邊緣可能是好地方。如果你的門框夠深，也可以擺在門框上方的門楣處。

5. 既然已經加持水晶，要讓它抵擋負力，就要記得定期清潔這顆水晶。

小提示

● 如果某個房間需要進一步抵抗負力，請使用四顆水晶，在每個角落各擺一顆。

━━ 玄關祝福魔法 ━━

《蓋爾詩歌》（Carmina Gadelica）是 1860 至 1909 年間蒐集的蘇格蘭民間祈禱文、咒文、禱告文與詩歌集。這是很精彩的口述傳統選集，充滿了能當成祈禱文或用於法術的文字。以下的魔法便是以其中一段文字當作書寫魔法。

需要物品：

紙（索引卡亦可）、原子筆或鉛筆、圖釘（或其他釘在牆上的方法）

如何做

1. 歸於中心並接地。

2. 在索引卡上寫下《蓋爾詩歌》的這段住家祈福文：

   上天保佑這間屋子，從地皮到支柱，從棟樑到牆壁，

   從這頭到那頭，從屋脊到地下室，從橫樑到脊樑，

   從地基到頂端，地基與頂端。

3. 將卡片釘或固定在前門上方。

———— 門毯魔法 ————

每個人進你家都要先經過門毯！門毯是魔法中保護住家的理想物品。更多關於其他保護象徵的資訊，請參見 PART·3。

需要物品：

門毯、簽字筆

如何做

1. 歸於中心並接地。

2. 將門毯翻到背面，拿簽字筆畫出表示家庭與房地產的盧恩符文「歐瑟拉」（見第七章 P.208），以及任何其他你想使用的符號。

3. 筆跡乾了以後，將門毯翻回正面，擺在前門處，口中念道：「*捍衛*

這個家；讓意圖傷害這個家的人難以進門。此事已成！」

小提示

● 喜歡的話，也可以將這個魔法改成祝福任何跨過門檻的人。

━━━━ 房間守護神魔法 ━━━━

　　如果你感覺某個房間需要非常明確的魔法，請試著為它創造一個守護神。這個魔法會以和你有感應的動物、神話生物、聖人、神明等的實體代表為主，以其能量來守護你的空間。代表物可以是雕像、相片、繪畫——任何事物皆可。更多說明可參見 PART 3 的資訊。

需要物品：

　　乳香與香爐、火柴或打火機、你選定的守護神圖像
　　四個茶蠟與燭臺、龍血線香 (Dragon's blood) 與香爐

如何做

1. 歸於中心並接地。

2. 點燃乳香。將選來保護房間的守護神代表圖像拿著過香，口中念道：「我在此淨化這個圖像，去除任何負力或不樂見的能量。」將圖像放在施法區的中央。這時你可以捻熄乳香或前往下一個房間。

3. 點燃四根茶蠟，擺在圖像四周。點燃龍血線香。

4. 雙手在圖像上方交握，口中念道：「〔圖像名稱〕啊，我邀請你賜福保護這個空間。但願它在你的守護下，不受威脅與危險侵

擾。但願使用這個房間的人領會你的庇蔭所帶來的益處。」

5. 靜待線香與茶蠟燃燒完畢。

6. 將圖像擺放在適合的地方，如門邊、書架上，或空間中央的桌上。

7. 務必定期感謝你的守護神。例如，你可以將這件事融入你定期維護房間能量的工作中。

你也可以不選定保護者的實體代表，改以冥想方式請宇宙顯示哪位守護者願意主動與你合作，守護你的房間。你也許會獲得意想不到的答案，但結果卻令你驚豔。

保護你的門窗

門窗是進出你家的活動通道與開口，有時需要特別保護。以魔法為門窗封印能為你帶來心靈上的平靜。

魔法象徵符號

直接在門窗表面或上方畫上保護符號，是保護門窗最簡便的方法。請拿白色蠟筆並參考第七章 P.205 的保護符號，找出你最有感應的象徵符號。你也可以自行設計；要記得，你投入的心力與能量愈多，魔力就愈強大。

需要物品：

白蠟筆

如何做

1. 歸於中心並接地。

2. 拿白蠟筆在窗戶上方及門的表面或上方，畫出你選定的象徵符號。不要畫得太細，這裡的圖像不需要清楚可見。

3. 每畫一個圖像就念道：「我加持你來守護這個家；沒有任何力量能打破〔這道門或這扇窗〕，沒有任何包藏禍心的人能進入〔這道門或這扇窗〕。這道門〔或這扇窗〕不會失效或失敗，它擁有巨牆般的耐力。此事已成！」

小 提 示

● 如果你喜歡，可以改畫你認為與防禦及保護有關的動物圖像。

● 如果要重漆門框或窗框，記得要先刮掉舊圖像，因為蠟會導致不易上漆。你可以等新漆乾了以後再重畫圖像。

● 如果你不想用蠟筆，可以改用粉筆，選擇能搭配油漆的顏色即可。

━━━ 窗戶封印 ━━━

窗戶是清澈的，能容許光照射進屋裡。然而，窗玻璃的穿透性與透明度意味著，在人們眼中，能量也很容易從這裡進入，特別是負能量。清澈透明有其弱點。以下的魔法能以魔力為窗戶封印，避免負能量從窗戶進入屋內。

需要物品：

福水（見本章 P.87 魔法）或聖水、尖細的小畫筆（非必要）

📖 如何做

1. 歸於中心並接地。

2. 以手指或畫筆沾福水，在窗戶中央畫一個小圈，圈裡打一個叉，同時口中念道：「這扇窗已封印；沒有不樂見的能量能從這裡進入，沒有任何不幸能從這裡穿過。這扇窗將邪惡隔絕在外，只有良善美好能從這裡進入。此事已成！」

3. 如果你的窗戶有許多窗格，請在每個窗格中央各畫一個符號。

小 提 示

● 如果與你有共鳴的話，可以在圓當中畫一條從左上到右下的對角線，重現產品或標語上常見禁止某些行動或行為的「禁止」符號。

● 能量與意圖是這裡的重點，所以當你清洗窗戶時，那層保護依舊存在。然而，如果你覺得洗完窗戶後有必要重新施展魔法才能進行額外保護，那逕行無妨。

● 如果需要永久性的保護，可以加持指甲油，使其產生保護功效後，再用於窗戶玻璃畫你選定的符號。

彈開負力的鏡子魔法

幾世紀以來，人們在魔法中以鏡子與閃耀的反射表面來偏轉、擋回不樂見的能量。以下的魔法會將鏡子魔化，直接將負力從前門反彈回去。如果你為這個魔法買了新鏡子，請務必先拿下所有標籤與吊牌，從第七章選一個你偏好的方法淨化過後，再拿來使用。

需要物品：

小裝飾鏡、軟布、福水（見本章 P.87 魔法）、簽字筆
鉤子或釘子、鐵錘

如何做

1. 歸於中心並接地。

2. 用軟布擦拭鏡子，使其一塵不染。將軟布抖乾淨。

3. 拿軟布沾福水，擦拭鏡子正面，口中念道：「明亮的鏡子，強大的鏡子，請給予這間屋子全天候的保護。強大的鏡子，明亮的鏡子，請保護這間屋子安度黑夜，直至天明。」

4. 翻到鏡子背面，寫下「擋回負力」(Negativity reflects away) 幾個字（背面如果是黑色也別擔心，文字仍會留下）。

5. 拿鐵錘在門附近你選定的地方釘上鉤子或釘子，把鏡子掛起來。

小 提 示

● 要獲得額外力量，可在滿月時將鏡子留在月光下一整夜讓鏡子魔化。

> 在這個魔法中，你的觀想必須極為精確。你要擋回去的是負力，不是正能量。

門階魔法

有時保護住家入口就是這麼簡單。你手邊的任何一種烹飪用鹽都能使用：食鹽、海鹽、粗鹽或其他種類的鹽。

需要物品：

一茶匙鹽

如何做

1. 弓起手掌盛裝鹽。閉上眼睛，想像從中射出一道白光。

2. 口中念道：「鹽啊，請守護著我。不要讓任何厄運或負能量越過你。」

3. 從門階一側到另一側，撒一排鹽巴。

小提示

● 不須擔心撒下的鹽線斷斷續續的，因為鹽的能量仍會形成屏障。

● 這是你感覺心神不寧時施展的極佳魔法。

● 如果你覺得自己居住的區域有諸多負能量，想以這個魔法進行持久的保護，可以每月或每週施展一次。

鎖定魔法

　　你將保護家不受任何非法力量入侵的任務交託給了鑰匙，因此添加一層魔力來加強這層機械性的保護也是合理的做法。肉桂與薑是添加能量或力量的好方法，葛縷子 (Caraway) 則擁有出色的防盜能量。

需要物品：

　　小碗、小瓶子或小罐子、一茶匙橄欖油、一撮肉桂粉、一撮薑粉
　　一撮葛縷子（粉狀較理想，但種籽亦可）

如何做

1. 將油倒進碗裡，加入草料並攪拌均勻。靜置至少一小時，過一晚更理想。

2. 要開始施法時，將碗拿到門邊。歸於中心並接地。

3. 手指沾油在裡外的鎖頭上畫圓圈，口中念道：

　　鎖啊，請施以強力的保護
　　抵抗任何未經許可強行進入的力量，
　　擋住意圖傷害的人，鎖啊，請施以強力的保護。
　　如果有人偷走鑰匙，鎖啊，請不要讓他們過門。
　　鎖啊，請施以強力的保護，鎖啊，請守護這個家。

4. 對戶外的門鎖進行同樣的魔法，包括外屋 (車庫、倉庫等) 與大門。

小 提 示

● 你可以更改魔法，使擁有合法鑰匙的人不會被擋在門外。

● 你也可以對車子的門和點火開關施以這個魔法。

保護個別房間

你可能會發現家裡的某些房間對特定的技巧較有感應。無妨，你可以對想淨化的房間施展對此處最有效的魔法。當你想淨化整棟屋子時，要為不同房間施展不同魔法可能較費功夫，但長遠來看，這是維護家裡整體能量的最佳辦法。重點是要盡量保持效率，改用不同技巧或許較費時，但這樣能讓家中更平順和諧，進而惠及家裡的一切活動。

———— 廚房保護魔法 ————

公雞或女巫的符號能為廚房吸引豐盛與好運，是很受歡迎符號。另一種常見物品是一串編織好的大蒜或洋蔥串。使用這兩種蔥蒜類蔬菜不僅是為了裝飾，也與保護息息相關。

需要物品：

一串洋蔥或大蒜串（可從農大市集購買）
鉤子或釘子與鐵鎚（非必要，見以下指示）

如何做

1. 歸於中心並接地。

2. 捧著大蒜或洋蔥串，口中念道：「你已獲得加持，請保護這間屋子不受傷害。請保佑這個廚房，讓厄運不會降臨在此處。但願從這個廚房端出的食物皆有福氣；但願在這裡烹飪與用餐的人，都擁有福氣。此事已成！」

3. 將大蒜或洋蔥串掛在你選定的區域；如果沒有方便懸掛的地方，就

自行釘鉤子或釘子來懸掛。

4. 讓大蒜或洋蔥串掛在廚房一整年，再於下個收穫時節拿下，感謝它一年來的付出。請把舊大蒜或洋蔥放到堆肥中，然後再拿新的一串大蒜或洋蔥來代替。

小 提 示

● 這個魔法使用的是現成編好的大蒜或洋蔥串，可以在收穫時節的農夫市集買到，但如果你想以自家種植或在別的地方收穫的洋蔥或大蒜編織製作成串，可以到以下網址找到簡單的步驟：

www.theartofdoingstuff.com/how-to-braid-garlic-or-onionsphoto-video-tutorial

● 有時市面上也找得到一串串彩色辣椒。辣椒能彈回惡念到傳送者身上，在這個魔法中同樣有效。

> 警告：不要把用來施行保護魔法的蔬菜取下煮食！這些蔬菜的目的是吸收負能量，你可不希望把這類能量吃下肚。

蠟燭保護魔法（一）

蠟燭魔法施展起來很簡單，材料也容易取得，過程安靜不張揚，還可以與不知情的其他人共處時燃燒。決定蠟燭顏色時，請選擇你覺得與保護最有關的顏色。這個魔法要拿有尖角的物體在燭身上刻字。其實有一種專門用來刻字的工具，叫做雕刻刀，但對你最方便的方法可能是廚房抽屜裡的金屬烤肉串或竹籤。必要時你甚至能用便宜的圓珠筆來刻字。

需要物品：

蠟燭（白色或自行選擇）、串籤或長釘子、燭臺、火柴或打火機

 ## 如何做

1. 歸於中心並接地。

2. 從蠟燭底部開始，繞著燭身往上重覆寫「這間房間已獲得保護」
   (This room is protected) 字樣，直到頂端。你必須寫完整個句子，
   所以繞著寫到靠近燭芯的時候，可能必須變換角度擠下最後幾個字
   （不需要寫得很密，但需把燭身覆滿字，大致繞一圈就好了）。

3. 把蠟燭放上燭臺。點燃蠟燭，口中念道：「**蠟燭燃起，盾牌豎立。
   這個房間已獲得保護。**」

4. 靜待蠟燭燃燒完畢。

小 提 示

● 這個魔法是很好的萬用魔法。你可以更動內容來保護任何你想保護
  的事物。

● 使用小蠟燭能縮短等候魔法完成的時間。

避凶蠟燭魔法

這是調整魔法，改從另一個方向處理問題的好例子。黑色在這個魔法中是蠟燭顏色很好的選擇。

需要物品：

蠟燭（黑色或自行選擇）、串籤或長釘子、燭臺、火柴或打火機

如何做

1. 歸於中心並接地。

2. 從蠟燭頂端開始，繞著燭身往下重覆寫「凶險已去除」(The threat is removed) 字樣，直到最底端。你必須寫完整個句子，所以繞著寫到靠近底部的時候，可能必須變換角度擠下最後幾個字（不需要寫得很密，但需把燭身覆滿字，大致繞一圈就好了）。

3. 把蠟燭放上燭臺。點燃蠟燭，口中念道：「蠟燭燃起，凶險減少。」

4. 靜待蠟燭燃燒完畢。

小 提 示

● 不要留下燃燒的蠟燭逕自離開。如果蠟燭還未燃盡你就必須離開的話，請輕輕吹熄火苗，回來後再重新點燃，讓蠟燭全部燃燒完畢。

蠟燭保護魔法(二)

這個稍微複雜一點的魔法會採用檸檬保護與淨化特性,也會運用顏色與火焰。

需要物品:

小瓶子或小罐子、一茶匙橄欖油、三滴檸檬精油或檸檬汁
蠟燭(白色或自行選擇)、燭臺、火柴或打火機

如何做

1. 在小瓶罐中混合橄欖油與檸檬精油或果汁。

2. 一手拿著蠟燭。另一隻手的手指沾混合油,從燭芯開始往下塗抹蠟燭,直到底部。

3. 整根蠟燭都覆滿油後,請放上燭臺,口中念道:「**檸檬與火焰啊,請化解任何造成威脅的邪惡。請成全。**」

4. 點燃蠟燭,在房裡安全的地方靜待蠟燭燃燒完畢。

保護薰香

這個薰香是由幾種與保護有關的藥草製成。焚燃這種薰香需要的碳餅(Charcoal tablet),可以在民族特色商店、教會香舖、新世紀商店(ncw agc shop)等買到。請確認你的藥草是乾燥的。建議在這個魔法中使用歐白芷(angelica)、肉桂、葛縷子、芸香、迷迭香、杜松果(Juniper berry)、雪松(cedar)、乾燥檸檬皮屑,大多能在超市的香料櫃上找到。

需要物品：

從以上的花草中選擇三到五種，每種取一茶匙

研缽與研杵或砧板與刀、小罐子、碳餅、火柴或打火機

隔熱碟或香爐，香爐中鋪一層沙或土、隔熱架或墊

如何做

1. 選擇要使用的乾燥藥草。各取一茶匙放進研缽，以研杵研磨混合。如果你沒有研缽與研杵，請將藥草堆在砧板中央，以刀切碎混合。

2. 用勺子將粉末舀進小罐子中。捧著小罐，閉上眼睛。觀想罐裡的粉末發出防禦能量的光芒。

3. 將粉末拿到你希望保護的房間。在中央就定位。

4. 將碳餅放進隔熱碟或香爐，置於隔熱架上。將火點燃靠近碳餅，直到邊緣出現紅色火星。碳餅點燃後，紅色火星會開始蔓延。當火星不再蔓延時，請多燃燒幾分鐘。

5. 歸於中心並接地。

6. 撒一點薰香粉到碳餅上。碳餅會開始生煙。以手將煙搧到房內各處，將煙從自己身上向外搧。口中念道：「**香啊，我召喚你的保護力。請守護這個房間，將負力阻擋在外。**」

小提示

● 如果你想使用的藥草還未完全乾燥，可以放進低溫烤箱中，請見 PART 3 的指示說明。

● 可以在碟子或香爐裡鋪一點沙，吸走碳餅的熱。也可以用細砂礫或非凝結型貓砂。請記得薰香用的碳餅與烤肉用的木炭不同。

房間守護神魔法

　　這個魔法會製作一個重點物件來保護特定房間。你必須先做一點準備。請回顧本章 P.82 的「維護檢查」，先決定房間需要哪類能量。它需要更多愛的能量嗎？它需要積極的保護嗎？它需要促進和諧嗎？一旦你決定好房間的需求，接著就必須選擇最能與那項需求產生共鳴的焦點物品。以下的魔法是假設你有一個房間（如臥室）需要加強休息與恢復的能量。

需要物品：

　　一張紙、原子筆或鉛筆、天鵝小雕像
　　一茶匙乾燥薰衣草、一茶匙乾燥洋甘菊 (Chamomile)

如何做

1. 歸於中心並接地。

2. 請針對你希望為這個房間加強的能量，在紙上寫下相關文字。在這個例子中，睡眠、平靜、夢、療癒等字眼都很實用。你可以重複每個字幾遍。不要只是從上到下條列，可以轉動紙張從不同角度寫，讓文字彼此交叉成網狀。

3. 拿起天鵝雕像。閉上眼睛並緩緩深呼吸，彷彿你已入睡。放鬆身體，盡量釋放體內的壓力。觀想天鵝長大，張開羽翼保護你。

4. 口中念道：「**天鵝啊，請守護這個房間，賜給這個房間和平、安寧、療癒、平靜。**」

5. 將雕像放在紙上，在紙和雕像上撒乾燥薰衣草及洋甘菊。靜置一小時以上。

6. 將雕像放到房中某處，讓它可以發揮保護與福佑的功能。將乾燥藥草折進紙中，拿去堆肥。

小 提 示

◆ 請善加搭配選擇你用來作為房間重點的物件與支援目標的藥草。舉例來說，如果你想守護你工作的房間，可以使用埃及的寫作與智慧之神托特（Thoth）的圖像，搭配乾燥薄荷與月桂葉，後兩者都與動腦的工作及靈感有關。

吸收負力的水魔法

某些文化或傳統會使用水來吸收負力。以下是淨化房間負力的一個簡單的方法。

需要物品：

玻璃杯或碟子、水

如何做

1. 將玻璃杯或碟裝滿水。

2. 歸於中心並接地。捧著玻璃杯或碟子，觀想從中散發出一道淺藍色的光。口中念道：「讓水吸走這個房間中的所有負力。水啊，我感謝你帶來脫胎換骨的能量。」

3. 將碟子或杯子放在不會傾倒且近中央的地方，才能位在房間的能量之流中。水會吸走你不樂見的能量。

4. 如果這個房間屬於低負力區域，可以每週更換一次，也可以每天更換以求最佳保護。

鹽餅乾魔法

你小時候有沒有自製麵團做過東西？這個基本的鹽餅乾配方是很優秀的防護魔法護身符的基底。鹽和迷迭香、鼠尾草、薰衣草一樣，都有出色的保護力。請留意：不要拿時下流行的鹽或大鹽塊來進行這項魔法，只要用平價的食鹽即可。乾燥藥草可以研磨或碾碎使用，只要不是新鮮的藥草即可。

需要物品：

半杯麵粉、四分之一杯鹽、用來混合的小碗、木湯匙
四分之一杯水、一茶匙迷迭香、一茶匙鼠尾草、一茶匙薰衣草
餅乾模具（非必要）、鋁箔派盤或鋁箔紙與烤盤、筷子、繩線

如何做

1. 將麵粉與鹽放進小碗中，用木湯匙攪拌。加入乾燥藥草，再一點一點地緩緩加水攪拌（可能不需要把所有水都倒入）。

2. 表面灑上一層薄薄的麵粉，揉麵團 8 到 10 分鐘。

3. 靜置麵團 30 分鐘。

4. 將烤箱預熱到攝氏 120 度。

5. 將麵團捏出直徑 3.5 到 4 公分左右的小球，輕輕以手掌壓扁到 0.6、0.7 公分的厚度。你也可以在鋪有薄薄一層麵粉的表面上將麵團稍微擀平，以餅乾模具切出形狀。

6. 拿抹刀將餅乾麵團移到鋁箔派盤或鋪有鋁箔的烤盤上。用筷子較粗的那一端將餅乾打洞，方便烤好後懸掛。

7. 想要的話，可以用筷子較細的那一端在麵團上畫象徵保護的符號。

8. 將派盤或烤盤放進烤箱，烤四小時左右。烤兩個小時後，可以為餅乾翻面，讓兩面徹底烤乾。如果你的餅乾比 0.7 公分厚，可能要烤不只四小時，請時時留意並檢查餅乾的情況。

9. 從烤箱拿出餅乾，待其冷卻後，用繩線穿過小洞，掛在任何你覺得需要這個護符的地方。

小 提 示

● 如果你使用餅乾模具，圓形和星形是理想的保護形狀。

● 能做出多少餅乾，要看模具的大小而定；自行捏小球的話，可以做出四到六個餅乾。

保護你的地產

　　有時你的鄰居不如你希望的好相處。有時可能因為住家附近人來人往或地點不佳，你希望住家周圍有多一點防護。還有一些時候，你只是想要擁有更多隱私。無論你的理由是什麼，保護確實屬於你的地產是你的權利，如果你自認是某片土地的管家或管理人，那保護這片土地也是你的職責所在。如果你是租屋，那你還是可以保護你所在的這棟大樓附近的土地。以下的魔法重點在你家周圍的戶外區域。

地產全面保護魔法

　　這個魔法的施展原則和基本個人防護盾（見第二章 P.35）相同，

但這裡你不須站在中央從地面汲取能量，再向外推出一個球體，而是實際在你家地產的範圍中四處走動（盡你所能），走到哪裡，就將能量線畫到哪裡。請從大門等你覺得最適合的地方走起。

如何做

1. 歸於中心並接地。

2. 持續從地面汲取能量，讓能量從手臂往下流入雙手。一手指著地面，開始沿著庭院邊緣走動，同時觀想大地的能量如一條絲帶般流出。

3. 邊走口中邊念道：「這片土地已獲得保護。沒有人能傷害它。沒有任何邪惡能跨過這道屏障。」

4. 完成庭院的繞行。觀想能量帶回到起始點，連為一個完美無缺的環，圍住庭院。

5. 觀想能量圈陷入地面之下。重複念道：「這片土地已獲得保護。沒有人能傷害它。沒有任何邪惡能跨過這道屏障。此事已成。」

小提示

● 如果因為有籬笆或其他障礙，導致你無法走遍地產各處，可以分成前後兩個階段來完成（或更多階段，如果有必要的話）。

● 如果有棚子或獨立車庫等障礙，使你無法實際走遍地產的各處邊緣，可以舉起手臂來投射能量，觀想自己將能量送到障礙後方。

● 要進行額外的保護時，可以將淨化並加持過的礦石埋在地產的四個角落（或四大基本方位）。孔雀石 (Malachite) 在這種魔法中是很實用的寶石，因為孔雀石與保護環境有關。

擊界碑

擊界碑這個古老習俗據信起源於異教，至今在某些英國與威爾斯地區仍有人奉行。擊界碑是指拿枝條擊打或重擊地產的邊緣，以打破負能量，賜福於土地。這項練習也會畫出並加強保護能量的邊界，讓你能仔細檢查地產的實際狀況。春天是施展這個魔法的理想季節。

需要物品：

一壺水、長枝條或棍棒

如何做

1. 將水壺擺在起始點。

2. 歸於中心並接地。

3. 沿著地產邊緣走動，開始前後揮舞枝條或棍棒擊打地面。同時口中念道：「大地啊，請從睡夢中醒來！太陽照耀著，空氣召喚著；請振作精神！但願你接納所有種下的種籽，但願你的生長季讓植物健康成長，但願你的豐收期能收穫豐碩。我驅逐威脅你的負能量；走開，不幸，永遠不要回來。」

4. 結束周遊時，放下枝條，拿起水壺。將水倒在你的起點暨終點的地面上，口中念道：「我感謝你，大地，感謝你賜予的諸多福氣。」

小提示

● 如果因為要揮舞工具又要拿著書或紙張不方便，或是因為邊走還要邊留意方向不容易，當你覺得邊走邊念很難時，可以在行程開始前念一遍咒文，結束後再念一遍咒文。

保護你的花園

　　如果你是園丁，保護植物與收穫永遠是你關注的焦點。本節涵蓋保衛庭院的魔法，以及運用庭院來保衛地產與住家的魔法。

━━━━━ 樹木保護魔法 ━━━━━

　　保護地產最有效的一種方式是種植新的灌木或樹木。這是給土地的禮物，也是給整個環境的禮物。請調查你所在的城市或地區在世界地球日、植樹節或其他類似節日，有沒有免費贈送或低價販售的樹苗。請謹慎選擇你用來種植樹苗的區域；樹苗不能離建築物太近，以免樹根破壞水管系統，或樹枝干擾電線。你的城市也許有法律規定樹木能離地界線多近。

　　下方欄框列出了一些樹木與灌木的種類及其魔法特性。請從中選出一種，或參考其他建議。請調查那棵樹的特性，並調整魔法來納入那些特性。說到底，重要的是那棵樹本身，而不是特定的魔法能量。樹木代表著穩定與耐力，兩者都與保護息息相關。

需要物品：

　　鏟子、水晶、樹苗、黑土、水管或水桶／噴壺

如何做

1. 為樹苗挖一個洞。購買樹苗時，你應該會拿到一紙說明或須知，如果沒有，可以上網研究並記下資訊。洞要多大？一個好指引是使現有的樹根在上下左右都擁有大量的伸展空間。洞的直徑應該要有根

球寬度的兩到三倍，深度則略較根球高度深一點，根球頂端應該與地面齊平或僅略低於地表。

2. 將水晶放入洞的底部，口中念道：「**大地啊，請體恤人意，幫助這株樹成長。保護它不受病蟲害與危險侵擾，幫助它日後給予我們保護。**」

3. 將樹苗放進洞裡。填土時請朋友把樹苗扶直。請加入黑土為你移走的土帶來煥然一新的活力。不要將土壓實，因為樹根需要空氣，土鬆一點才有助於它適當成長，也能確保排水正常。

4. 用水管緩緩澆水，讓水滲入這個區域至少兩三個小時。每天都要為樹澆水，至少持續一個月，期間要特別留意你所在地區的天氣，依天氣狀況調整你的澆水量。

小 提 示

● 如果你沒有足夠的種樹空間，何不改種水果？黑莓藤的魔力據說能將不樂見的能量隔絕在地產之外。

● 請一個幫手很有用。要不然，你也可以插一根竿子將樹苗立直；必要的話請拿細繩小心綁緊。

以下是一些樹木與灌木植物及其魔法特性：蘋果（富足、健康）；梣樹（保護）；樺樹（兒童、淨化、保護）；山楂（保護、快樂）；紫丁香（保護、愛、淨化）；柏樹（清潔、淨化、保護）；玫瑰（愛、淨化、祝福、正能量）；橡樹（精力、保護）；松樹（療癒、淨化）；花楸樹（保護、祝福）；柳樹（保護、療癒）。

盧恩石庭院魔法

規劃新庭院並親自掘土是件令人興奮的事。這個魔法能為新建的庭院或剛鋪好的花壇進行祝福與保護。

需要物品：

四顆圓滑的溪石或鵝卵石、長釘子、小鏟子
裝有福水（見下方框）的澆水壺

如何做

1. 歸於中心並接地。

2. 用釘子為每顆石頭刮出以下的盧恩符文：

 歐瑟拉 (Othala)：
祖先，守護著這片土地與地產。

 奧吉茲（Algiz）：
但願這座庭院獲得防護。

 英格茲（Ingwaz）：
但願這座庭院生生不息。

 傑拉（Jera）：
但願這座庭院成功豐收。

3. 拿鏟子在花壇每個角落挖一個洞，各放入一顆石頭，然後以土掩埋。

4. 拿起澆水壺，口中念道：「**福佑大地，但願你獲得守護，不受病蟲害與貧瘠侵擾。但願你結實累累，但願你收穫豐碩。此事已成！**」以福水澆灌庭院。

用在庭院的福水或聖水不能以鹽製作，因為鹽不利於綠色植物生長。請試著改滴入純銀液體，將石英 (Quartz) 或孔雀石 (Malachite) 放入水中。請見本章前文 P.87 了解如何製作福水。

公寓的特定魔法

如果你住的房子是暫時的，或是你並不擁有它，那你要如何保護那個住家？租屋、連棟住宅、公寓或分租大樓等，為魔法帶來了挑戰，因為你住的地方就緊鄰著別人。前述關於倫理的章節也可套用在這裡。如果你是住在分租大樓，就不得不考慮他人的權益。因此，你的魔法必須特別聚焦於你自己和你的個人空間。同樣的，在你離開那棟建築物或空間之前，也必須先解除你曾進行的永久性或持久性魔法。

—— 搬家魔法 ——

居住在一個空間意味著你的能量會滲入牆壁。你在這裡愛、大笑、哀悼，意味著你的能量會附著在這裡，盤根錯節地交織。如果你想有效、簡單地修正你家的能量，那很輕鬆……但如果你要搬出去的話，

麻煩就來了。這個魔法的用意是協助你從住處的能量脫身，讓你和這個地方再度成為分開的實體。

需要物品：

薰香（乳香或檀香）與香爐
火柴或打火機

如何做

1. 在住處的中央歸於中心並接地。

2. 點燃薰香。口中念道：「可敬的房子，感謝你多年來庇蔭著我。請將屬於我的能量釋放給我，讓我離開時能帶走它們，不再煩擾你。我留下你的潔淨，並準備好迎接你下一位房客。」

3. 閉上眼睛，伸出雙臂。觀想你緩緩從屋子各處引出能量，飄到你的手上，被你吸收進體內。請以手臂由下往上地吸收能量到你的核心，再從核心往下連接地面和大地的能量。

4. 靜待薰香燃燒完畢。

小提示

● 喜歡的話，可以使用鼠尾草煙燻棒來取代薰香。

> 這個魔法要你做的是接地的相反，不是從地面汲取能量上來，而是從別處汲取能量，然後往下分流入地面，這樣你的體內才不會蓄積太多能量；你才能安全地平均分配能量，不會超過自己的負荷。

居家守護神魔法

前一個魔法告訴我們，你當然可以將魔法與保護注入不屬於你但你居住其中的住家牆壁中，只是離開時要記得收回、驅散或釋放它們。不過，還有另一個將永久建築物魔化的好方法，也就是將繪畫、雕像或其他可移動的物件魔化，使其成為你家的保護者，無論位在何處。

需要物品：

孔雀石

茶晶 (Smoky quartz)

虎眼石

焦點物品（如雕像、畫作等）

一茶匙乾燥迷迭香

一茶匙乾燥鼠尾草

一茶匙鹽

一個茶蠟

火柴或打火機

小藍袋

 ### 如何做

1. 施展魔法前，請先依據你喜好的方法（見第七章）洗淨寶石與你選定的焦點物品。

2. 歸於中心並接地。

3. 在施法區中央撒迷迭香、鼠尾草和鹽，以手指畫盧恩符文「愛瓦茲」（Eihwaz，見第七章 P.207）。將施法的焦點物品擺在盧恩符文上。

4. 將孔雀石擺在略偏焦點物品左後方的地方。茶晶則擺在略偏焦點物品右後方的地方。最後將虎眼石擺在前面，介於你和焦點物品之間。寶石應該要連成一個倒三角形，焦點物品位在三角形的中央。

5. 將茶蠟放在虎眼石前面點燃。

6. 雙手在三角形上方交握。從你的能量中樞往下接觸大地，連接並向上汲取其能量。再讓能量順著手臂往下從雙手散發，給予焦點物品能量。此時口中念道：「我召喚家之神靈。我召喚舒適與安全；我召喚平安與和諧；我召喚耐力與彈性。家的神靈啊，我將你收在這個焦點物品中。但願在你照顧下生活的人發達興旺；但願他們健康、強壯、勇敢、穩定。請成全！」

7. 往後站並甩掉手上多餘的能量。記得要主動停止汲取大地能量的連結。

8. 靜待蠟燭燃燒完畢。蠟燭燒盡後，請將藥草與寶石收到小藍袋中。將焦點物品與小藍袋存放到家裡的主臥室。

　　在這個魔法中選用的寶石，都是用來抵銷多人住在同一個空間（如宿舍或校舍、公寓、連棟住宅等）的潛在負面效應。孔雀石能發揮舒緩環境壓力的功效，虎眼石能給你精力，茶晶能吸收負能量。

第四章
家人與朋友

保護你親近的人通常是魔法的主要焦點。本章探討的就是如何保護家人與親友。然而，保護他人也屬於微妙的倫理灰色地帶。如果你是為他們涉入的情況召喚善念或為之祈禱，那沒有問題，逕行無妨。然而，很多時候事情並不是這麼一清二楚。

如果你見到朋友有難，想以魔法協助時，最明顯的做法是請他們允許你代表他施法。如果他們覺得無妨，那這件事就說定了。他們可能會想設下底線，或請你聚焦於某個方面，那是他們的權利。但如果他們拒絕你施法，或基於任何理由你無法徵詢他們同意，那你就必須斟酌了。

與其針對特定的人施法，你不如嘗試改善他身處的情境，讓改善的方式變得模糊，讓能量自行做出決定。請考慮在魔法中添加一句話，允許那個人本身的能量可以拒絕你所激發的任何能量；這樣他才有能動力，即使是潛意識的能動力。

這是個棘手的問題。只有你能決定怎麼做才正確。不過你必須知道，無論你的決定為何，你都必須接受後果。

保護個人

魔法的一部分工作是在助人。有時協助的對象是自己，有時則是朋友。本章的魔法要協助的未必是家人，不過當然也可以用在家人身上。這裡的重點是協助人們重拾對生活中各種事情的掌控力。這些魔法不是萬靈丹，也不表示你比你的施法對象更清楚明白事態。不過要記得，如果你是為特定的人施法，最好先取得他們的同意。

一般保護魔法

這個魔法的好處是人人有份——沒有哪個人會被排除在外，也不會聚焦在某個特定的情況或議題上。這是一種雨露均霑型的正能量魔法，身為施法者的你也能感受得到諸多好處。這個世界可以多使用一些這類正能量，你不覺得嗎？

需要物品：

藍色蠟燭與燭臺、粉晶、四顆黑曜石、火柴或打火機、一茶匙鹽

如何做

1. 歸於中心並接地。

2. 將藍色蠟燭放上燭臺擺在施法區中央。把粉晶擺在蠟燭底部。想像蠟燭與粉晶周圍形成一個方形區域，在四個角落各擺一顆黑曜石。

3. 點燃蠟燭後，口中念道：「但願我最親近的人獲得保護；但願他們不受傷害、危險、不幸所侵擾。但願祝福照亮他們生活中的每個部分。請成全。」

4. 在整個區域外小心撒一圈鹽。靜待蠟燭燃燒完畢。

──── 冰魔法 ────

　　有時朋友或心愛的人陷入水深火熱時，你必須讓事態發展慢下來或及時喊停。這個魔法有助於給人時間或空間思考出路或做計畫。

需要物品：

紙片、原子筆或鉛筆
附蓋子的耐冷小容器、水、冰櫃（冷凍庫）

如何做

1. 歸於中心並接地。

2. 在紙片上寫下要處理的情況。舉例來說，如果你的另一半工作遭遇瓶頸，請寫下「吉姆充滿壓力的職場環境」。

3. 將紙折好放進容器中，倒入水，剛好能蓋過紙片即可。蓋上蓋子。

4. 將容器放進冰櫃，等水結成冰。

5. 這個魔法最多能保留七到十天。結束的時候，請將容器拿出冰櫃，等冰融化。

6. 歸於中心並接地。口中念道：「**我在此釋放這個情況。但願決心長存，達到最佳成果。請成全。**」

7. 把水拿到戶外倒掉。溼紙片放進堆肥或埋進土裡。

● 可拿小夾鏈袋來取代容器。

● 對即將到來的事件或活動產生的焦慮，可以試著用此魔法來凍結。

> 　　這個魔法不是永久的，只能提供暫時的中止，僅此而已。一個禮拜左右以後，你就必須把容器從冰櫃拿出來，讓冰融解。如果你不這麼做，那個情況仍會開始興風作浪。對魔法的施展情況還是維持掌控較好。

消除阻礙冰魔法

　　這是前一個魔法的逆轉，將冰塊當成某個阻礙的象徵，讓它不再阻擋某人。開始施法前，請先想好描述那個情況的短語，例如「凱西的保險給付遭到推諉而且懸而未決」。

需要物品：

　　碗、冰塊

如何做

1. 歸於中心並接地。

2. 把冰塊放進碗中。拿著碗，口中念道：「我命名你為〔短語寫出的情況〕。融化吧，融化吧，將過程解凍，找出解決之道。」

3. 冰塊融化時，請觀想它釋放出必要的能量，讓情況邁向解決。

4. 冰塊融化後，口中念道：「**此事已成。**」然後把水倒向戶外。

● 這個魔法也可以用來去除個人障礙，如遇到寫作瓶頸，或對某個即將到來的事件產生的恐懼。

閨蜜支援魔法

曾經將兩人結合或成對的事物，可以用來當作分開後彼此的連結。假設兩人都同意，你可以拿閨蜜項鍊當成以魔法保護彼此的基礎。尤其是如果你們身處不同城市，不常見到彼此的話，這是讓既有的友誼更深厚的好方法。這種方法能讓你們即使不在彼此身邊，也能關心、支持對方。

要小心：如果你的朋友正陷入困境，這個魔法會汲取你的能量來幫助他度過難關。它也能用來進行無聲的溝通，會在友人需要支持或聯絡時提醒你，反之亦然。

需要物品：

朋友的相片或他的一樣物品、兩根蠟燭（白、藍或金色）與燭臺閨蜜項鍊組、兩顆白水晶、兩顆粉晶、火柴或打火機

如何做

1. 將朋友的相片擺在施法區中央。兩根蠟燭放上燭臺，擺在相片後方。閨蜜項鍊則擺在相片下方，一側放一顆白水晶與粉晶；另一顆白水晶與粉晶放在照片的另一側。點燃蠟燭。

2. 歸於中心並接地。

3. 雙手在相片、項鍊與寶石上方交握。口中念道：

　　請成為我的力量，我也成為你的力量，

　　讓我們的友誼支持彼此，在彼此有難時伸出援手，

　　我守護著你，你守護著我。

4. 靜待蠟燭燃燒完畢。

5. 將一顆白水晶、一顆粉晶、墜飾的一半給朋友。另一半由你保留。

小 提 示

● 如果你不想把墜飾當成項鍊戴在身上，也可以掛在鑰匙圈、手環或吊牌繩上當掛飾……你有很多選擇！

　　　請留意，這個魔法必須要兩個人都同意以這種方式連結才能進行。

家人

　　家人是很特殊的例子。保護家人是一種代代相傳的衝動，一種與生俱來的本能。你會從內心深處擔心家人遭遇不測，深怕保護不了他們的念頭甚至令你恐懼。

　　運用魔法來保護家人，並且支援你為了保持他們健康、安全、快樂所做的其他工作，如同一層額外的保障。它能為家人、也為你帶來安慰。

祖先保佑魔法

　　保護家人感情、加強家族關係，是守護你所愛親人的關鍵成分。其中一種保護方法是尊崇祖先，請他們保佑後代子孫。要小心的是，施展這項魔法時，你也是在正式認可你的祖先及他們在你生活中的地位。往後如果你忽視他們，你的要求有可能得不到回應！

需要物品：

　　乳香或你偏好的薰香及香爐、火柴或打火機
　　白色柱蠟（或守夜蠟燭、其他玻璃罐裝蠟燭）

如何做

1. 歸於中心並接地。

2. 點燃薰香。花一兩分鐘深思，想想你的祖先。

3. 點燃柱蠟，口中念道：

> 永遠在我們心、身、靈中的可敬祖先們，
> 將我們帶來人世的祖先們，
> 活過、愛過、笑過的祖先們，
> 為正義奮鬥、守護無辜者的祖先們，
> 我們在此獻上敬意。
> 我們感謝你們活過的一生，並請你們保佑我們。
> 守護我們的人生，保護我們不受任何惡人侵擾，請成全。

4. 靜待蠟燭燃燒到薰香燃盡為止。然後吹熄蠟燭，收放到安全處。

5. 每兩週（或每個月，或任何你覺得適當的例行時程）重新點燃蠟燭，重複召喚你的祖先。

● 全家人一起進行會是一件很美好的事，可以請每個家庭成員輪流念
　祈禱文。

不同於本書中的其他魔法，這個魔法使用的是柱狀蠟燭，
因為要定期點燃來表示對祖先的敬意。

居家空間安全魔法

　　魔法可以用來改善家人們互動的環境，進而促進家人感情。藉由
創造安全的互動空間，可以提升住家的安全，以及家人之間的信任與
親密感。

需要物品：

　一位家人一顆寶石／水晶（見下方框）、小玻璃碗、家族相片

如何做

1. 先從第七章選一種你偏好的方法來清潔寶石。

2. 歸於中心並接地。

3. 依次拿起寶石，腦海中想著寶石所代表的那名家族成員。接著將寶
　石放進碗裡，口中念道：「**我們的家位在安全、充滿愛與支持的
　空間。家人溝通清楚無礙，心平氣和。**」如果你是與家人一起
　施法，那就請每個人拿著代表自己的寶石，在把寶石放進碗裡時念
　出上述句子。

4. 將家族相片放在最上方，口中念道：「**此事已成。**」如果你是與家人一起施法，可以請每個人一起說。

5. 將碗放在家人最常聚集的地點中央，如餐廳或客廳。

小 提 示

● 迷你女巫之梯（見第二章 P.47）是這個魔法的絕佳幫手。請捲好女巫之梯後放進碗裡，或結成一個環，將碗放進環中。

> 這個魔法會為每個家族成員使用一顆寶石。你可以請每位家人自行選擇寶石，或根據你的觀感，由你為他們選擇寶石。

家人溝通支援魔法

家人最常聚集的地方是餐桌。餐桌是分享食物、進行對話與計畫、完成工作後的場所。為餐桌授能，賦予清晰無礙的溝通與愛，是為家族連結添加一層保護的妙方。

需要物品：

福水（見第三章 P.87）
乾淨的布

如何做

1. 歸於中心並接地。

2. 以布沾福水擦拭桌子，口中念道：

讓這張桌子成為安適之地，

但願它成為學習、支持的地方，讓家人彼此分享。

但願在此的溝通清楚，彼此尊重，隨時都充滿愛，此事已成。

小提示

● 這個魔法可以定期施展，頻率由你決定，或依據你感覺需要多常進
行而定，如每週或每月一次。

———— 魔化廚房用具，促進安全健康的魔法 ————

你希望家人健康快樂，這點毋庸置疑。除了確保你家的刀子鋒利
（減少意外發生）之外，以魔法支援廚房安全能為家人提供實際的保
護。這個魔法聚焦於刀子，但也可以當成魔化其他工具的範例。

需要物品：

廚房菜刀或其他刀子

如何做

1. 歸於中心並接地。

2. 拿著刀子。從地面汲取能量，讓能量經由手臂往下流入刀子。口中
念道：「刀子啊，我手中的工具，請保持切割時的安全與俐落。」

3. 對其他刀子重複同樣的步驟。

小提示

● 請用同樣模式來祝福廚房裡的其他工具。例如：「湯匙啊，我手
中的工具，請保持攪拌順暢均勻。」

除夕魔法

如果你的家庭過去一年來過得不順遂，而你不是那種會把每年的日曆小心保留下來當紀念或紀錄的人，那可以把舊日曆燒掉，避免厄運延續到新的一年。如果你不想把日曆燒掉，可以拿起日曆逐頁翻看，在紙上記下發生過哪些壞事（修車、急診、爭吵等）然後燒掉這張紙。

需要物品：

即將過去的那一年的日曆、大的隔熱容器（見下方框）
火柴或打火機、一桶沙或一壺水

如何做

1. 歸於中心並接地。

2. 拿起日曆，口中念道：「**走開吧，負力！厄運與病痛，我命令你消失，過去的已經過去，不要再糾纏我們。此事已成！**」

3. 將日曆紙一頁頁撕下，丟進隔熱容器。點燃幾張日曆紙的邊緣，等火蔓延。依日曆紙的材質種類不同，火可能生得很快，也可能要花一些工夫。請堅定信念！

4. 看著火燒完所有日曆紙為止。直到僅剩下餘燼或紙灰時，倒一些沙子或水將火完全熄滅。

小提示

● 開始使用新日曆時，請同時準備一本小筆記本或從十元商店買一本行事曆來記事，年末時一併燒掉。你可以在一年中的任何時候施展這項魔法，永遠不嫌晚。

> 如果有的話，壁爐或戶外火坑是這個魔法的理想工具。如果你沒有壁爐或戶外火坑，可以把大鍋或鑄鐵荷蘭鍋放在磚塊、舖石等隔熱表面上使用。如果你使用的不是壁爐，請在戶外進行這項魔法。

新年日曆魔法

這個魔法能為你的新日曆授能，帶來好運並吸引正能量。它的用意是為家裡主要的日曆施法，但你也可以用來施展在自己的隨身行事曆、手帳或學校行事曆上。在除夕或新年當天施法效果最佳。

需要物品：

新日曆、四個茶蠟、火柴或打火機
乾燥羅勒葉、乾燥玫瑰花瓣、乾燥苜蓿花
砂金石 (Aventurine，也稱作東陵石或東菱石)

如何做

1. 歸於中心並接地。

2. 將新日曆放在施法區中央。

3. 將藥草撒在日曆上。日曆中央放上砂金石。在距離日曆 2.5 公分左右的四個角落，各放一個茶蠟。

4. 點燃茶蠟後，口中念道：「讓來年獲得福氣，擁有好運、健康、笑聲、喜悅、成功。此事已成！」

5. 靜待茶蠟燃燒完畢。燒完後，收拾藥草（放入堆肥），移走砂金石，將新日曆掛起來。

小 提 示

● 你不需要特別保留這顆砂金石。淨化後放回你的盒子或寶石袋中，留待日後其他魔法使用即可。

開學第一天魔法

　　這個魔法本來是用在開學第一天害怕上學的孩童，但也能調整後用在任何年紀的人在焦慮的事情發生的第一天施展。概念是召喚讓你感覺堅強、成功的能量。如果你是為孩子施法，可以請他和你一起進行。孩子的參與是魔法成功的關鍵。請依他的喜好使用任何顏色。

需要物品：

紙、剪刀、原子筆、鉛筆或蠟筆／色鉛筆
至少一樣給你力量的事物（如動物或其他造物）
三個正向的詞、盧恩符文或其他象徵符號、小袋或束口袋
出生那一年發行的錢幣（或那一年印製的其他硬幣）

如何做

1. 將紙剪成數張。信紙可以剪成四張（各 10 × 13 公分左右）。

2. 在紙上畫下至少一隻讓你感覺堅強而安全的動物或造物的圖像。

3. 在另一張紙上寫下三個詞，描述你想在學校有何種感受。安全、快

樂、勇敢、聰明、強壯等是很好的用詞。如果你是與孩子一起施法，可以讓他決定。

4. 選擇一個與保護有關的象徵符號（參見 P.205）畫在另一張紙上。如果是與孩子一起製作，請讓他選擇要用哪種符號；對孩子有深刻意義的符號就可以了，不一定要傳統符號。例如美國隊長的盾牌、神力女超人的老鷹符號、變形金剛的符號……這些流行文化符號對孩子可能意義非凡。請順著他的意思。

5. 將紙片折好放進小袋或束口袋，同時念出每種保護符號的名稱。例如：「我已受狼及獨角獸保護。在學校的我聰明、勇敢、堅強。」

6. 將出生那一年發行的錢幣放進袋中封好，口中念道：「有了這個袋子，我堅強又安全。」

7. 當前往恐懼的活動地點或場合時，將袋子放在口袋中。

小 提 示

● 在日本文化中，人們能在神社買到稱為「御守」的護身符。御守通常是布製品，看起來像標示牌或小袋子，有時裡面放有祈禱文或禱告文。御守可以繫在背包、書包或皮夾上，帶給你好運與精神保護。上述魔法也有類似的功效。

● 不再需要這個魔力袋的時候，就將袋子打開，帶著敬意與感謝處理掉內容物。

分離焦慮魔法

這個魔法原本是用來施展在第一天上幼稚園，對離開父母會很緊張的孩子身上。但不論你年紀多大，如果你有社交焦慮，這也是一種絕佳的魔法。

需要物品：

兩條成對的項鍊、墜飾或手環。

如何做

1. 歸於中心並接地。

2. 如果孩子也一起參與施法，你們可以各拿一個焦點物品在手裡。如果他沒有參與，那就請你將兩個物品拿在手裡。

3. 口中念道：「今日我的愛與你同行。我只要看到它，就會想到你；當你看到它，也會想到我。無論是在一起還是分開，我們都堅強而勇敢。」

4. 將項鍊（或手環）分別戴上父母和孩子的脖子（或手腕），如果你是為自己施法，那就將其中一個戴起來，另一個套在代表安全與慰藉的象徵，例如泰迪熊、顯示你快樂有自信的相片，或是任何對你有效的事物，重點是擺在家裡。

5. 每當你或孩子感到開始驚慌時，就將手擺在項鍊上或觸摸手環，閉上眼睛。深呼吸三次，觀想你所連結的另一條項鍊正安全、安穩地與你所愛的人在一起。提醒自己你在那裡感覺有多安全，並將那種感覺引到自己身上，你就會變得勇敢了。

● 請先特別確認好孩子讀的學校可以戴項鍊。有些學校和機構出於安全考量，並不允許戴首飾。如果是這樣，請在你的手背和孩子的手背分別畫上成對的象徵符號。每天重畫一遍。或是使用紋身貼紙。

如果是為孩子施法，請與孩子一同選擇要使用哪些項鍊／墜飾／手環。孩子的參與很重要，如果他與戴在身上的焦點物品之間有個人連結，能量會產生共鳴，能量流動會更順暢。

惡夢遠離魔法

照顧家人，有一部分意味著確保每個人都獲得充分的優質睡眠。惡夢或失眠也可能成為問題。黃水晶 (Citrine) 這種黃色的水晶，有助於守護入睡的人不受惡夢侵襲，並舒緩身體壓力。薰衣草對釋放身體壓力與安眠也有良好的功效。這兩者是一夜好眠的優秀組合。

需要物品：

黃水晶、白色小束口袋或方巾及白紗線或絲帶
一茶匙乾燥薰衣草花

如何做

1. 歸於中心並接地。

2. 拿著黃水晶，口中念道：「明亮的寶石啊，惡夢已被你的光芒驅逐。」將水晶放入袋子。

3. 拿著薰衣草花，口中念道：「薰衣草啊，請帶來安寧的睡眠，使睡眠平靜而深沉。」將薰衣草花放入袋子。

4. 束緊袋子，口中念道：「這道魔法已召來甜美的睡夢。」

5. 將袋子塞進枕頭，或掛在床柱上、置於床下。

為孩子及與孩童一起施展的魔法

可以的話，請讓你的孩子一起參與魔法。他們需要對自己和環境有某種影響力和掌控感。他們的參與能讓魔法變得強而有力。

釋放壓力

教孩子如何歸於中心並接地，幫助他學到這項實用技能。他們能在過程中找到自身的立足點，重建自信，來面對令他們失衡的情況。這也是一種處理壓力的好方法。

面對恐懼的孩童魔法

請與孩子坐在一起設計魔法！這個魔法的核心是創造一個想像的朋友來保護孩子。由於他們對如何設計這個保護者握有掌控權，這個魔法對他們會特別有威力。

需要物品：

紙、蠟筆

📖 如何做

1. 歸於中心並接地，也請引導孩子進行同樣的過程。

2. 告訴孩子要由他來設計一位完美的保護者，請他說說他希望這個保護者做到哪些事。它是高大還是矮小？他是說話大聲還是說話很溫柔？他是沉默不語還是肉眼不可見？他有幾條腿？他有尾巴嗎？看到孩子受驚嚇時，他會怎麼做？他有毛、羽毛或鱗片嗎？

3. 讓孩子天馬行空地想像。他可能會非常投入，設計出好幾個保護者，也可能很不自在，根本不想設計。如果發生後面這種情況，請結束這個魔法，讓他想個幾天後再試一次。

4. 請孩子畫出這個保護者並為他命名。提醒他，他緊張或受驚嚇時，可以隨時召喚這個保護者來幫忙他，他會隨時候命。

小提示

● 如果孩子已經有了一個想像的朋友，可以此為基礎設計魔法。

> 你是最能判斷孩子個性的人，你明白要以哪種方式來設計這個魔法最為適當。請依需要來調整魔法。

───── 驅逐恐懼的短詩 ─────

念一段有韻律的文字能帶來某種慰藉，特別是你覺得壓力沉重的時候。它能創造出一種很好跟隨的平穩節拍，熟記在心的小詩或小調也能讓你的心穩定下來。這是一種文字魔法。如果以想像的朋友保護孩子的概念有效，那可以將前一個魔法結合這個魔法一起進行。如果無效，那單獨施展這個魔法也無妨。

如何做

與孩子一起念出下列短詩：

一、二、三，傷害全退散

四、五、六，詭計消失囉

七、八、九，好事久久久，

數到十，一切都是善。

━━━━ 反霸凌魔法 ━━━━

霸凌可能會造成孩子心靈上重大的陰影。恐嚇是很難反抗的力量，當孩子擔心自己是力量不均衡中弱勢的那一方時，更是如此。給孩子魔力袋讓他帶在身上，幫助孩子加強他對自身力量的信心。

需要物品：

黑曜石 (Obsidian)、虎眼石、紅碧玉 (Red jasper)

褐碧玉 (Brown jasper)、藍色蠟燭與燭臺、火柴或打火機

藍色提袋或小袋（也可以換成孩子喜歡的顏色）

如何做

1. 從第七章選一種你偏好的方法來清潔寶石。

2. 歸於中心並接地。

3. 點燃蠟燭。

4. 拿起黑曜石，口中念道：「黑曜石啊，請施加保護，防範負力侵擾。」然後將黑曜石放入袋中。

5. 拿起虎眼石，口中念道：「虎眼石啊，請施加保護，防範身體傷害，並加強勇氣。」然後將虎眼石放入袋中。

6. 拿起紅碧玉，口中念道：「紅碧玉啊，請支持正義，防範身體威脅。」然後將紅碧玉放入袋中。

7. 拿起褐碧玉，口中念道：「褐碧玉啊，請在長期壓力的情境下確保安全。」然後將褐碧玉放入袋中。

8. 封緊袋子，口中念道：「讓力量不均衡的情況恢復正常。但願真理早見天日。但願正義獲勝。」

9. 將袋子放在蠟燭前面，靜待蠟燭燃燒完畢。

10. 把袋子交給感覺自己受到霸凌的人。

這個魔法的用意是支持；它不能取代實際行動！讓孩子把霸凌的事告訴教職員或他信任的成人，比什麼都重要，這樣霸凌才能獲得適當的處理。

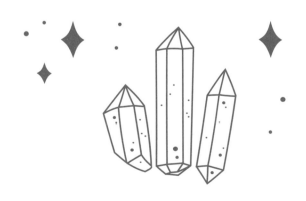

保護你的寵物

寵物就和家族的人類成員一樣值得被保護與照顧。以下的魔法聚焦於有毛、羽毛或鱗片的家族成員。

━━━━━ 寵物項圈保護魔法 ━━━━━

寵物要到戶外，就要戴項圈。有些養在室外的動物也會戴項圈。這個魔法是使用項圈來當成保護魔法的施展重點。

需要物品：

寵物項圈

如何做

1. 歸於中心並接地。

2. 捧著項圈，口中念道：

   請成為這隻動物的盾牌。保護牠不受傷害。
   以愛與保護包圍著牠，牠戴著項圈多久，就保護多久。
   請成全。

3. 為寵物扣上項圈。

小 提 示

● 喜歡的話，可以把倒數第二句改成：「牠在世多久，就保護多久」。

平安歸來魔法

這個魔法是要魔化寵物項圈的登記頸牌或預防針標示牌，協助牠安全返家。

需要物品：

一張紙、原子筆或鉛筆

登記頸牌和／或預防針標示牌（是否連著項圈皆無妨）

如何做

1. 歸於中心並接地。

2. 在紙上畫出你家的圖像，只要簡單的形狀或輪廓就可以了。請讓圖像大到包得住標示牌和／或項圈。將你家地址寫在圖像內。

3. 將標示牌和／或項圈放在紙上的屋裡，口中念道：

家，家，家，

回來，回來，回來，

安全，安全，安全。

4. 將標示牌套進寵物項圈，或把整個項圈扣好後，再度重複上述咒文。

小提示

● 請在每年需要更新註記或打預防針的時候，重複施展這個魔法一次。有些標示牌會每年更新，有些則是永久的，只是檔案更新而已。無論如何，這段更新的時期是提醒你重施魔法的好時機。

● 如果你的寵物真的走丟了，你可以用這個魔法為焦點，協助牠早日回家。請改將寵物的相片，而非標示牌／項圈，放進房子的圖像中。

寵物健康魔法

這個魔法施展的對象是寵物的食用碗，用意是賦予使用碗的動物健康與精力。

需要物品：

寵物用碗（或水盆、水壺等）

如何做

1. 清洗並擦乾碗。

2. 歸於中心並接地。

3. 雙手在碗上方交握，口中念道：

   但願從這個碗飲食的動物
   健康、快樂、喜悅。
   請賜予牠們長壽與心滿意足。

第五章
出門在外

保護住家是美好的事，但你出門在外，在辦公室或學校等其他地方度過的時間也不少。本章是聚焦於住家外其他地點的魔法。

保護你避開危險

魔法無法神奇地去除你在公共區域受到的傷害。法術的保護是在魔法的層次上運作；換句話說，它的作用是加強給你的保護，減少負力被吸引到你身邊或在你身邊發生的機率，但它無法完全消除在公共場所發生暴力或衝突的可能。

不過，魔法有助於加強你的感知，讓你能在情況變得太危險之前有所察覺並避開。你也可以藉由操作這種「別看我」的魔法，減少自己成為施暴對象的機會。在所有這類魔法中，你都必須憑直覺行事。如果你忽視覺知傳達給你的警告，這些魔法就不管用了。

━━━◆━━ 加強你的防護盾 ━━◆━━━

請回頭參考第二章的基本防護盾魔法（P.35），再進行這個魔法。

如何做

1. 歸於中心並接地。

2. 請依據基本防護盾魔法，汲取大地能量，形成一道防護盾保護自己。別忘記頭上和腳下都要形成穹窿。

3. 聚焦在防護盾的能量，口中念道：「防護盾啊，我為你加持，請你留意危險。在我受到威脅時警告我，讓我能從危險中脫身。」

━━━◆━━ 感官敏銳魔法 ━━◆━━━

讓你的感官更敏銳並微調你的感知，當置身於微妙情況時，能為你帶來助力，讓你在事情失控之前脫身。

如何做

1. 歸於中心並接地。

2. 專注在你對身體的覺知，然後向四面八方小心拓展你的覺知。請往每個方向拓展 1.2 到 1.5 公尺左右。

3. 口中念道：

   我有野兔的耳力，老鷹的眼力，貓頭鷹的智慧。

   當危險靠近時，我感覺得到，並能立刻採取行動。

4. 留意你的感官所傳送給你的訊息。

小提示

● 要記得，當你開始加強自己的感官時，可能會有一段適應期，在這段期間，你可能會感覺一切都太吵雜且不堪其擾。當你學會如何篩濾收到的新訊息後，就會慢慢適應，這段時期自然會過去。

———— 隱身魔法 ————

這個魔法無法徹底抹消你的存在，但能使人對你視而不見，從而減少你成為焦點的可能。

如何做

1. 歸於中心並接地。

2. 想像從別人的目光來看自己。緩緩想像自己的輪廓逐漸模糊、消失，只剩卜朦朧的外形輪廓。

3. 口中念道：「請讓他們的視線模糊，不會注意到我。請對我視而不見，視而不見。」

小 提 示

● 這個魔法不會將你從人們的感知中實際抹除。任何出乎意料、突然出現的動作或活動,都仍會被注意到。

● 動作放慢或順著周圍的人一起行動,有助於你融入周圍環境,減少你被注意到的機會。

保護自己旅途平安

旅行是微妙的體驗,既不是停留在此地,也不是停留在彼地,而是一種過渡性的經驗。本節的魔法能保護你從一個地方到另一個地方通勤或短程旅行時的安全,也包括長途旅行。

當然,旅行時你也可以使用第二章的任何一種全面性保護魔法。那些屬於萬用的魔法,可以依旅行的特定目標調整。不過,本節包含的是特別與旅行有關的魔法。

旅途平安的觀想魔法

最簡單的做法是觀想旅途平安。只要花一分鐘集中精神觀想即可。這個魔法要請你專注於正面的結果,而非旅途。

如何做

1. 歸於中心並接地。

2. 觀想自己一路順風、逍遙自在地來到目的地。你看見自己到達後坐下歇腳,與你計畫相見的人碰面。想像自己與他們對話,你笑著告

訴他們，這趟旅程風平浪靜。透過這種方式，能訓練你的思考，期待旅途平安的正面結果。在某種連帶效應下，你由此增加了自己旅途平安的機會。

旅途平安錢幣魔法

這是我們家一再運用的魔法。簡單、直接、效果迅速。如果你沒有錢幣，可以使用個人出生那一年發行的任何硬幣。

需要物品：

每個旅人出生那年發行的錢幣

茶蠟與燭臺

紫水晶

火柴或打火機

如何做

1. 歸於中心並接地。

2. 先將錢幣放上茶蠟的燭臺，再放上茶蠟。把紫水晶放在蠟燭前方。

3. 點燃蠟燭，口中念道：「路之神靈啊，請對我們微笑。賜予我們平安的旅途，讓我們安全歸來。」

4. 等茶蠟燃燒到一半，然後吹熄。

5. 旅途歸來後，請重新點燃蠟燭，口中念道：「路之神靈啊，感謝你守護我們的旅途。」然後靜待茶蠟完全燒盡。

護照保護魔法

護照是你從自家到你想造訪的世界各地之間自由行動的身分證明與保證。護照的安全對你而言應該無比重要。除了例行的預防措施（例如妥善收進房間或旅館桌子裡；把重要的那幾頁影印下來，一份留在家裡，其他放進行李；把護照放進衣服下的藏錢腰帶裡等）之外，你還可以在出發前施展這個魔法，為你的護照多加一層保護。

需要物品：

護照、五顆水晶、月桂葉 (Bay leaf)、原子筆或鉛筆
金色蠟燭與燭臺、火柴或打火機

如何做

1. 歸於中心並接地。

2. 將護照擺在施法區中央，水晶放在四個角落。

3. 在月桂葉上畫出盧恩符文「愛瓦茲」(Eihwaz，見第七章 P.207)。
   將月桂葉放在護照封面中央，再擺上最後一顆水晶。

4. 將金色蠟燭放上燭臺，擺在護照後方。點燃蠟燭，口中念道：

   護照啊，你是我的旅途夥伴。請保護我的安全；防範竊盜。
   但願我們的旅途充滿喜悅。在各地移動平靜無波，一路順風。
   讓我平安返家。請成全。

5. 靜待蠟燭燃燒完畢。

小 提 示

● 你無法將月桂葉帶去旅行，但可以塞進護照中，直到出發前再取出，
  等你旅途歸來後再放回去。

旅行用佛羅里達水

佛羅里達水（見第三章 P.90）是你旅行時絕妙的萬用輔助魔法。它涵蓋幾種不同需要，例如淨化旅館房間、讓租來的車內部煥然一新、抹一些在手上協助你接地或清除負能量等。如果你是要搭飛機或是橫渡邊界，可能無法把佛羅里達水帶在身上，但因為佛羅里達水很常見，所以也許可以在藥房或藥妝店買到現成的。如果你找不到或想自己製作，以下步驟能幫助你在旅途中自行製作出迅速、簡單的替代品。做好後最好放進冰箱，否則持續不了多久。

需要物品：

小瓶裝水、透明玻璃杯、一片檸檬、一片橘子、幾粒鹽
幾滴酒或其他酒精

如何做

1. 歸於中心並接地。

2. 打開瓶裝水，倒進玻璃杯。

3. 將檸檬片、橘子片放進玻璃杯，加入鹽與酒或其他酒精。

4. 輕輕搖晃，靜置一小時以上，隔夜更好。

5. 取出檸檬片與橘子片。將水小心倒回瓶子，蓋上蓋子後旋轉瓶子混合。可能的話請放進冰箱冷藏。四、五天後丟棄。

6. 依一般方式使用佛羅里達水：灑在各物品或區域、塗抹個人所有物、擦拭雙手等。

保護你的車

　　汽車、機車或其他交通工具是一項大投資。儘管你可能是以腳踏車為主要的交通工具，但你確實投入了金錢，也很仰賴它。保護好你的車是明智之舉。本節中的魔法特別聚焦於車輛的保護。

━━━━━ 車子觀想魔法 ━━━━━

　　當你坐進車子或坐上腳踏車後，第一件可以做的事是以創意觀想的方式來保護自己。這種方法迅速、直接，別的都不需要，只要你施展大腦的力量就夠了。

如何做

1. 歸於中心並接地。

2. 閉上眼睛，觀想你四周的空氣中閃爍著銀霧。想像它形成一團閃閃發光的能量雲霧，變大包圍著你的車。當準備好上路時，觀想它融入車子或是防護裝備的外型。

小提示

● 搭公共交通工具如火車與飛機時，也可以使用這個魔法。

一路平安護符

護符袋通常是帶在身上或掛在門上，也可以放進車子的置物箱。如果護符袋夠小，也能掛在後視鏡下。

需要物品：

黑色小方巾（至少 15 × 15 公分）、三顆杜松果
一顆茶晶、一片月桂葉
紅絲帶或繩子（長 20-25 公分）

如何做

1. 歸於中心並接地。

2. 將方巾在你的施法區平坦攤開。手放在布上，口中念道：「黑布啊，請保護我的車不受危險與邪惡侵襲；保持車子的行動力與警覺。」

3. 觀想防護能量聚集的同時，將杜松果與月桂葉及水晶放在方巾中央，口中念道：「我將杜松果放進護符中，防範邪惡入侵。我將茶晶放入護符中，不讓危險靠近。我將月桂放進護符中，在危險逼近時給我警示。」

4. 將方巾邊緣以紅絲帶束緊，口中念道：「保護的紅絲帶啊，請將護符袋束緊。」

5. 袋口打三個結，觀想這些結是擋住負能量的屏障。

6. 將護符袋放進車子的置物箱，口中念道：「我的車很安全；我的車獲得保護；坐這輛車的人都能平安來去。」

小 提 示

● 完成後的護符袋尺寸約 7-8 公分見方。如果對機車或腳踏車來說太大，可以盡量縮小。

鑰匙圈護符

你到哪裡都會帶著鑰匙，無論是車子的鑰匙、辦公室的鑰匙，還是家裡的鑰匙。擔心弄丟鑰匙是很常見的情緒。這個魔法的作用是加強路途中的保護，避免鑰匙弄丟。

需要物品：

皮繩，長 25 公分左右、三顆串珠（見下方框）、茶蠟與燭臺
火柴或打火機、你的鑰匙

如何做

1. 歸於中心並接地。

2. 串珠套進皮繩後，將皮繩結成環。

3. 將環放在茶蠟前方。點燃蠟燭，口中念道：「護飾啊，我為你加持，請保護我的鑰匙；但願它們永遠不會失散，永遠不會放錯地方。護飾啊，我為你加持，請保護這輛車；但願它安全上路，但願它保護車裡的人。護飾啊，我為你加持，請完成以上的要求。請成全。」

4. 靜待蠟燭燃燒完畢。然後將皮繩套進鑰匙圈中，打平結（非十字結）綁緊較安穩。

小 提 示

● 環可以依喜好修剪多餘的部分。

> 這個護飾是以三顆木或寶石珠構成。請到附近的工藝材料行尋找串珠，選用自己喜歡的顏色和圖樣。找直徑 1.2、1.3 公分左右的串珠，串珠的洞務必大到穿得過你預計使用的皮繩。如果有意加入與保護有關的顏色，可以選用紅、黑、藍、白等色。

新輪胎魔法

　　換新輪胎是施展魔法的好時機，來保護輪胎的安全與性能。更換輪胎位置或冬夏換輪胎時，也可以施展這個魔法。

需要物品：

　　輪胎、白色油性筆

如何做

1. 歸於中心並接地。

2. 拿白色油性筆，在輪框內側的那一面，畫下盧恩符文「萊多」（P.207）與「奧吉茲」（P.206），口中念道：「**請你堅固確實，安穩抓地，上路輕盈，必要時能迅速操作。請成全。**」

3. 其他三個輪胎也依上述方式施法。如果你還有一個尺寸完整的備胎，也請如法炮製。

4. 依平常的方式安裝輪胎。

保護自己搭乘大眾運輸工具的安全

請回顧第二章 P.35「基本防護盾」與本章 P.157「隱身魔法」。兩者都是搭乘大眾運輸工具的珍貴魔法。本章 P.162「車子觀想魔法」也是你上公車或進地鐵與火車後，一坐下就可立即進行的理想魔法。

儲值車票魔法

這個魔法能將你的儲值車票魔化，使你的路途順暢無阻。

需要物品：

　儲值車票

如何做

1. 歸於中心並接地。

2. 以手指畫出盧恩符文「萊多」與「愛瓦茲」(P.207)，保護你一路平安。

3. 口中念道：

　　但願我與你這一路上安全有收穫，

　　但願你永遠不迷路，但願搭乘你的我永遠不迷路。

　　但願我去哪裡都能一路順風，無所阻礙，

　　迅速而直接，永遠不被誤點，班次不會被取消。請成全。

小提示

● 如果你有特別的理由，也可以在儲值車票上實際畫出盧恩符文「萊多」與「愛瓦茲」，保護你一路順風。

在不熟悉的新地方保護自己

以下魔法能協助你在不熟悉的環境中保護自己，包括第一次到國外，甚至第一次到其他城鎮或州縣時都可以施展的保護魔法，前往你未曾造訪的本鎮地區時也能使用。

雙倍保護

如果你要前往另一個國家旅遊或出公差，也請參考本章 P.160 的「護照保護魔法」。

紙珠保護用護符

這個魔法使用自製的紙珠來打造可以套在鑰匙、提袋、皮夾或行李的護符，讓你隨身攜帶。使用花紋紙就可以做出漂亮的管珠，只是務必要選其中一面是空白的紙張，才能在上面寫字。

需要物品：

花紋紙（至少 10 × 15 公分）、尺、原子筆或鉛筆、剪刀、白膠竹籤、萬用拼貼彩繪膠（mod podge）或其他工藝亮光漆或釉料畫筆、繩子（黑、紅、藍較理想）

如何做

1. 將紙放在你的施法區，空白面朝上。拿尺及鉛筆或原子筆任意畫幾個（或你覺得適當的數量）等腰三角形（底 3.8 公分，兩邊各 15 公分）。記得要讓等腰三角形的頂點保持在中央。剪下等腰三角形。

2. 寫下自己設計的保護祈願文，或使用以下字句：

我在日常生活中的食衣住行，都獲得保護。

我走路、歌唱、工作、休息時，都獲得保護。

我的安全獲得保障。

3. 在三角形頂點沾一點白膠。將竹籤沿著三角形底邊擺放，開始滾動，用紙緊緊裹住竹籤。最後黏上沾有白膠的頂端。如果黏不緊，請多沾一點白膠。

4. 在管珠表面上一層薄薄的萬用膠或其他工藝釉料，待其乾透。

5. 重複將剩下的管珠做完，或做到材料用盡為止。

6. 管珠乾透後，請小心從竹籤上拿下。

7. 將管珠套進 15 公分長的繩子，再將繩子綁在皮夾、背包或行李上。

小提示

● 你也可以不使用工藝釉料，改取一份白膠兌兩份水使用。

● 如果希望紙珠的表面光滑一點，可以多上幾層釉料，每上一層釉料就要等它乾透再上下一層。

● 如果你喜歡，也可以用白紙自行設計管珠圖樣，其中一面以油性麥克筆上色（如果用水性麥克筆上色，上釉料時會掉色）。

● 你也可以將這些紙珠放進魔力袋或護符袋中。

防迷路魔法

在陌生的地方迷路會給人不少壓力。請用這種迅速、簡單的魔法幫助自己返家。

如何做

1. 當你早上離開旅館、Airbnb 或青年旅社時，請蹲下將手放在門檻上，用手指描繪出一隻腳的形狀。

2. 起身將腳放進你描繪的形狀中，口中念道：「**無論我去哪裡，我的腳都會安全、準時地回到此地。**」

小 提 示

● 如果在你所在的地方，蹲在門口做這件事讓你感覺有點不自在，你可以改在附近找一個地標做，例如噴水池或信箱。

行走安全魔法

無論你是走路上班，還是在異國觀光，徒步可能會令你多少感覺不安全。買新鞋的時候，就是絕佳的機會，可以做一些在日常生活中隨時伴隨你的防禦性魔法。

需要物品：

一張紙（大到擺得下一雙鞋）、一雙鞋、鹽、一碟福水（見 P.87）

如何做

1. 歸於中心並接地。

2. 鋪好紙張。將鞋子放到紙上，畫一個圓包住鞋子（別擔心畫得不夠圓，讓鞋子四周有保護的屏障才是重點）

3. 仔細沿著圓圈倒上鹽，完成時口中念道：「這個圓包圍著我的鞋，保護了鞋子的安全，鹽也同樣保護著這雙鞋。請守護穿著這雙鞋的我安全，避開危險。」

4. 仔細將福水灑在鞋底。

小 提 示

● 如果你製作福水時使用了鹽，塗抹福水在鞋底時要小心別沾到鞋子其他部分的面料。

● 拿冬天的靴子施法時，口中請念道：「給我耐磨的效果；保護我踏出的每一步都安全，維持我的尊嚴。但願我的腳永遠不會陷入融雪或雪堆中動彈不得。請保持我的腳溫暖，不生凍瘡。」

保護工作場域中的自己

無論是學校還是你發展職涯的地點，工作場域是很特殊的環境。它不是你家，但你會花費大量時間、投入大量精力在這裡做事。本節的魔法聚焦於工作場域中，你必須注意的問題或情況。

工作場域安全魔法

如果你處在有人身安危之虞的環境，可以每日進行這個魔法來加強你工作時的安全。

需要物品：

安全防護用具（如鋼頭工作靴、硬頭盔、安全眼鏡、背心等）

如何做

1. 歸於中心並接地。

2. 在你的安全用具上畫盧恩符文「奧吉茲」(P.206)、「愛瓦茲」(P.207)、「提瓦茲」（Tiwaz）（P.208）。

3. 口中念道：「請好好保護我；我感謝你持久的防護。」

小提示

● 請每週重複施法一次，或每次穿戴用具前就施法一次。

● 在放用具的櫃子或袋子裡放一顆褐碧玉、一顆水晶，可以加強魔力。

—— 趕上期限的魔法 ——

　　期限是工作中最有壓力的事情之一。期限是必要之惡，因為能協助你安排分批完成的時間表，持續追蹤其他部門的工作。有時可能還有一點討價還價的空間，但不需要討價還價豈不更好？這個魔法有助於釋放部分壓力。

需要物品：

　　可旋蓋的透明小瓶或壺、輕質油（如杏仁油、葡萄籽油）
　　一撮乾燥薄荷、一撮乾燥洋甘菊、細亮粉（非必要）、水晶碎石

如何做

1. 歸於中心並接地。

2. 在瓶或壺中裝滿四分之三的油

3. 加入乾燥薄荷、洋甘菊、細亮粉（有準備的話）。放入一顆水晶碎石。旋緊蓋子。

4. 將瓶子放在你的工作桌附近。當對期限忐忑不安的時候，就拿起瓶子，深呼吸三次。慢慢搖晃瓶身，看著瓶中的內容物移動，然後輕輕放回原處。口中念道：「這個計畫完全在我的掌控當中。」

小提示

● 如果你有一顆小茶晶或茶晶碎石，也可以放進瓶中（油放少一點，以留出空間）。茶晶有助於減少焦慮。

> 這個魔法使用水晶碎石。如果所在的區域沒有新世紀商店或寶石鋪，也許可以在串珠店找到繩子串成的水晶碎石。身邊有一些水晶碎石很方便；每個魔法幾乎都能加入一塊來添加力量。

因應辦公室政治的魔法

有人和你過不去嗎？有人在破壞你的權威或戕害你的地位嗎？有人向你的論文指導教授打小報告嗎？誰這麼做不重要。這個魔法會幫助你緩和情勢。

需要物品：

可旋蓋的透明小瓶或壺、蒸餾水、淡玉米糖漿、九株丁香、小茶晶

1. 歸於中心並接地。

2. 將水與玉米糖漿倒入瓶中，口中念道：「糖漿使我周圍的氣氛變愉悅。」

3. 將丁香放進液體中，口中念道：「好丁香阻止流言。」

4. 加入茶晶，口中念道：「茶晶防範敵意。」

5. 旋緊蓋子，搖一搖混合所有東西。口中念道：「這個魔法守護我，讓我抵抗和我作對的人。讓我的溝通美好而正面。此事已成。」

6. 把瓶子放進辦公桌抽屜或櫃子裡。

小提示

● 參考第二章保護自己的情緒與心靈的魔法，為這個魔法提供助力。

> 液體的比例是一份糖漿兌兩份水。請以你選用的容器來計算分量。要記得留出空間來添加其他成分。液體的總量不超過整個瓶子的七成較妥當。

——◆ 處理性騷擾魔法 ◆——

近來關於性騷擾的新聞不少，浮上檯面的理由也很充分，因為長久以來人們對性騷擾都太輕縱了。雖然說出來後果可能不堪設想，但為了維護一切良善，遇到這類事件，請通報人資部門。這個魔法能幫助你抵抗騷擾與心理操縱，帶給你力量，讓你有勇氣說出自身遭遇。

需要物品：

龍血薰香與香爐

火柴或打火機

黑袋或束口袋

三株丁香

一茶匙刺蕁麻 (Stinging nettle)

粉晶

紫水晶

虎眼石

黑電氣石

如何做

1. 歸於中心並接地。

2. 點燃龍血薰香。口中念道：「我是個有價值的人。我的聲音值得被傾聽。」

3. 將丁香與刺蕁麻放進黑袋。

4. 將紫水晶放入袋中，口中念道：「真相已大白。」

5. 將虎眼石放進袋中，念道：「我的身體獲得防護；危機已解決。」

6. 將黑色電氣石放進袋中，口中念道：「我會度過難關。」

7. 將粉晶放進袋中，口中念道：「我值得被愛與尊重。所有針對我的負力都化暗為明。」

8. 封緊袋子，過香三次，然後擺在香爐旁，靜待薰香燃燒完畢。

9. 工作時將袋子帶在身邊。

工作與職涯保護魔法

外頭的世界很嚴酷，許多工作逐漸遭淘汰，不少公司也縮減了規模。有工作是一件可貴的事，如果你的薪資是家裡唯一收入的話，更是如此。薪資單、聘雇契約、保密協議——與你的工作有關的所有法律文件——都是這個魔法可以使用的好物品。

需要物品：

合約或與你的工作有關的法律文件

綠色蠟燭與燭臺、金色蠟燭與燭臺、火柴或打火機、藍色袋或小包

一撮羅勒、一段肉桂棒、一點肉豆蔻 (Nutmeg)

一點辣薄荷 (Peppermint)、虎眼石

如何做

1. 歸於中心並接地。

2. 將所有文件放在你的施法區中央。

3. 將綠色與金色蠟燭擺在兩邊點燃，口中念道：「**成功與長久雇用都屬於我。**」

4. 將羅勒放進袋中，接著放入肉桂棒、肉豆蔻、辣薄荷。

5. 將虎眼石放進袋中封緊，放在文件上，重複念道：「**成功與長久雇用都屬於我。我會在自己選擇的領域中持續獲得雇用，位於重視我的職位，以適當的薪酬運用我的技能。此事已成。**」

小 提 示

● 這個魔法特別強調不以你目前的工作為你永久的歸處，因為當你決定另謀高就或轉換跑道時，可能會造成問題。

用品保護魔法

你的工具是否經常不翼而飛？總是有人拿走你的筆？你是否頻頻去向採購部申請新的釘書機，以至於他們認為你拿去變賣了？請確保你的用品能回到你身邊。

需要物品：

你的辦公室用品和／或工具

如何做

1. 歸於中心並接地。

2. 以手指在桌上由外向內畫一個漩渦，畫到漩渦中央時，手指保持在原地，繼續畫一條向下的直線穿過漩渦下半部，末尾畫一個箭頭。

3. 在你的每個工具或用品底部都畫上同樣的符號，口中念道：「回來吧，回來吧，回來吧」。

電腦不失靈魔法

我們有充分的理由害怕電腦失靈。請在多個地方備份！使用 USB 隨身碟、下班前將手邊的工作進度以電子郵件寄給自己。然後定期施展這項魔法，減少你的電腦弄丟論文、報告或整個數位文件夾的機率。褐碧玉是進行長時間守護的好幫手，黑曜石擅長吸出毒素。兩者相輔相成，有助於保護你的電腦不故障。盧恩符文「瑟伊薩茲」(P.207) 與工作中使用的工具有關。

需要物品：

褐碧玉、黑曜石

如何做

1. 從第七章選一個方法來清潔寶石。

2. 捧著寶石，閉上眼睛，觀想從中散發出一道光，向外擴展，籠罩你的電腦。

3. 口中念道：

   大地的造物，岩石的造物，請將你的能量交給我的意志運用。
   守護這台機器，使其堅固耐用。
   但願它保持靈敏，直到我不再需要它為止。

4. 以手指在兩顆寶石上畫出盧恩符文「瑟伊薩茲」（P.207），也在你的電腦上畫「瑟伊薩茲」符號。

5. 將寶石放在電腦頂端。如果做不到，那就放進小袋子掛在電腦附近，或用類似隨意黏土的黏著劑貼在電腦側面。如果這樣也行不通，請將袋子放進附近的抽屜裡。

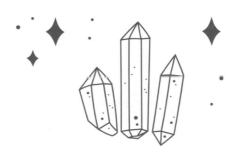

PART

3

儀式與保護性物件

第六章
儀式

有時你需要的不只是魔法。本章的儀式較前面的魔法要來得長且細節多，需要的能量與專注力也較強。因此，它們提供的保護層面也較複雜。這些儀式是絕佳的基礎，你可以在這之上施展多個魔法，添加更多層面的防護。

保護住家的儀式

這個儀式能為住家周圍提供相對永久的防護。它從淨化開始,將負力驅離,讓你可以從頭建立新的防禦。接著它會豎立防護盾,運用這個地點附近的所有元素與能量進行防護。

要事先提出的一個警告是,你必須使用你的能量來指引這道防護盾的建立。你有責任維護它,不然它會逐漸消散。

這個儀式分成兩部分,每一部分都分成幾個步驟以利施行。不過,第二部分必須緊接在第一部分完成後立刻進行。

━━━ 住家保護儀式第一部分:驅逐 ━━━

在進行這類較精細的儀式之前,要先淨化或去除沒有助益的能量。這看似僅是多花時間進行的額外步驟,其實能為後來的步驟提供良好、堅固的基礎。傳統上會以逆時針方向進行驅逐,推走不需要的能量。

需要物品:

掃帚、盤子、蠟燭與燭臺、火柴或打火機
薰香與香爐、一碗或一杯水、一小碟鹽

如何做

1. 打掃房子。將東西收拾好,該立直的立直,將牆上的手印、指痕等擦乾淨,各種檯面也擦過一遍並吸塵。要先實際清除灰塵,把凌亂的東西整理好,才能為這個儀式提供最良好的基礎,盡量使其成功。

2. 歸於中心並接地。

3. 口中念道：「我驅逐這個空間中的所有負能量。」

4. 每個步驟都從前門做起，逆時針在屋裡移動。進入房間後也以逆時針方向移動。

5. 拿起掃帚，開始以逆時針方向打掃地板，觀想掃帚掃起了負能量。以掃帚打破負能量。打掃每個房間，最後來到前門。

6. 把擺上燭臺的蠟燭、火柴或打火機、薰香與香爐、一碗或一杯水、一小碟鹽等，統統放進盤中。點燃蠟燭與薰香。捏三撮鹽到水中輕輕攪散。

7. 將盤子拿進第一個房間，置於地板中央或接近地板高度的平面。拿起香爐以逆時針方向在房內走動，將煙搧到各個角落，口中念道：「我以風淨化你。」將香爐擺回盤中。接著拿起燭臺，以逆時針方向在房裡走動，口中念道：「我以火光淨化你。」然後將燭臺放回盤中。再拿起鹽水，以逆時針方向在房裡走動，手指沾鹽水灑在各處，口中念道：「我以水與土淨化你。」

8. 繼續以逆時針方向走完整棟房子，淨化每個房間。結束所有區域的淨化後，請回到前門。

━━━◆━━━ 住家保護儀式第二部分：保護 ◆━━━

　　清除了空間中可能有違你目的的能量後，就可以來進行保護了。要將能量吸引到你身邊，傳統上是以順時針的動作進行。

需要物品：

一小碟橄欖油、一撮迷迭香、一撮鹽

第一部分使用的盤子、第一部分使用的蠟燭與燭臺

第一部分使用的薰香與香爐、第一部分使用的那碗或那杯鹽水

如何做

1. 歸於中心並接地。

2. 口中念道：「我召喚保護能量來祝福這個空間。」

3. 將迷迭香與鹽放進橄欖油，輕輕攪拌混合。

4. 以順時針方向在屋裡移動，將盤子拿進每個房間。拿起香爐，在房裡以順時針方向走動，口中念道：「**我以風祝福你。**」接著拿起燭臺，以順時針方向在房裡走動，口中念道：「**我以火祝福你**」。然後拿起鹽水在房裡走動，口中念道：「**我以水與土祝福你。**」

5. 祝福房間的步驟結束後，以手指浸入盛油的碗，在窗戶或窗框畫盧恩符文「奧吉茲」(P.206) 的符號。

6. 繼續以順時針方向走完整棟屋子，在每個房間重複相同的步驟。每扇門的外側都畫上「奧吉茲」的符號，每扇窗戶也畫上同樣的符號。最後再度回到前門。

7. 站在前門，再度歸於中心並接地，從地面汲取能量，讓能量從手臂往下流入雙手。接著再次以順時針方向在屋裡走動，以那股能量畫出屏障。此時不需要進入每個房間，只要站在房門口投射能量即可。這裡的目的是為外牆設立一道能量屏障。能量會穿牆而入，所以不用擔心內牆，只要沿著外牆投射能量即可。

8. 完成整棟屋子的順時針繞行，最後將能量與前一部分的屏障連起

來，形成完整的圓（或橢圓、長方形，或你家的任何形狀）。

9. 觀想能量屏障往上升起，往下也形成弧形，兩者接合為球體或蛋形，圍住整棟屋子。

10. 在你完全放手之前，請如同你接地時的做法，先觀想那道屏障從前門處伸出觸鬚或管線深入地面，接通大地的能量。觀想那些觸鬚在大地能量中生根，永遠與這個能量來源相連。

✦ 住家防線的維護

你必須定期檢查上述的大型住家防線，看是否出現任何弱點。請參考第三章建議的維護程序，打開你的感官在屋裡各處走動，感受一下哪裡需要多一點能量來維護。

如同第三章的維護檢查程序（P.82），安排定期檢查能有效協助你留意能量的脈動及能量如何在家裡發揮作用。

搬家以前要記得撤下屏障。如果沒有撤掉，儘管與大地的能量相連，這道屏障仍會因為缺乏維護而日益消散。然而，這比較屬於禮貌問題。不然下一位屋主或房客走進這個他人以魔法維護過的空間，可能會覺得彷彿被監視，或莫名感覺不自在。

保護物品

有時你想保護的是單一物品，而非對整個房間或整棟屋子施展保護魔法。又或許你是要將物品借給他人，或要把物品帶出家門，而你擔心它的能量會受到影響。也可能是你要把新物品帶進家裡，希望先進行淨化與保護，才要為它引進家裡的其他能量。無論是基於什麼原因，這項儀式都能提供你淨化與保護物品的方法。

保護物品的完整儀式

這個保護物品的儀式是運用鹽吸收能量的特性，來去除物品中不樂見的能量，再以水與保護性藥草製成的藥草水來塗抹。方法很簡單，儘管是基本儀式，但對物品能量產生的影響不小。你可以使用普通的加碘食用鹽，也可以使用粗鹽、細海鹽來進行。

需要物品：

要淨化與保護的物品、乾淨的布、大到放得下物品的碗或盤
鹽、小玻璃杯、水、一枝新鮮迷迭香、一枝新鮮羅勒

如何做

1. 以乾淨的布擦拭物品。

2. 將鹽倒進碗或盤中。碗盤不用很深，只要能在底部鋪一層鹽，讓物品表面能盡量接觸到鹽即可。

3. 將物品放到鹽上，但不要埋進鹽裡。口中念道：「〔**物品名稱**〕啊，**你將接受鹽的淨化。鹽會使你純淨。鹽會去除附著在你上頭的所有負能量。**」

4. 將碗或盤放在不受打擾的地方。曬得到日光的地方是理想地點，因為日光會幫助驅逐負能量，但也不是一定要擺在有日光的地方。

5. 把物品靜置該處三天。

6. 到了第三天，請在玻璃杯中倒入水，放進新鮮迷迭香枝與羅勒枝，讓兩者浸泡三小時以上。

7. 從鹽中將物品取出。再度以乾淨的布徹底擦拭。

8. 從水中取出迷迭香與羅勒。將溼潤的迷迭香枝與羅勒枝輕輕灑水在物品上，有必要的話就再度浸水，口中念道：「〔**物品名稱**〕啊，**你已受到這些藥草保護，這些藥草會讓你獲得防禦，這些藥草將會讓你安全。**」

9. 將鹽處理掉，可以沖入馬桶，或放在水龍頭的冷水下，任其慢慢流入水管。將藥草水倒到戶外。迷迭香枝與羅勒枝放入堆肥，或連同水拿到戶外丟棄。

小 提 示

● 要獲得更多力量，可以在滿月的前一天、當天、隔天都進行這個魔法。

● 許多雜貨店會在農產品區販售一束束的新鮮藥草。但如果你找不到新鮮的迷迭香枝與羅勒枝，可以改將乾燥迷迭香與乾燥羅勒各拿一點放進水中，以手指為物品塗抹藥草水。

保護他人

要記得，為沒有徵詢到許可的人施展魔法，或施展魔法在他身上，意味著你同意接受施法的一切後果。有時你可能樂意接受這種業力負擔——如朋友失聯時。然而，最好還是先徵詢過他們的同意再進行。

這個儀式是運用共感魔法的概念來保護個人。共感魔法是假定，代表某人、事、物的物品發生什麼事，同樣的事就會發生在那個人、事、物上。在這個儀式中，因為你要保護的是人，所以你需要一樣東西來代表那個人。

要以哪樣東西為代表由你決定。你可以拿一張相片、畫一張圖、縫製一個簡單的人偶娃娃（見第二章 P.38），甚至用樂高積木拼一個迷你人偶，或使用另一種玩具來代表。如果你是自行製作圖像，請盡力做得神似你的儀式施展對象。外觀愈相近，魔法就愈有效。如果那個人總是戴著某條項鍊，請在你的人偶上加上那條項鍊；請重現對方的獨特髮型或最愛穿的 T 恤、加上胎記⋯⋯等諸如此類。

保護他人的完整儀式

這個版本的儀式是使用樂高積木拼成的迷你人偶。在開始進行儀式之前，請盡量添加個人特徵在迷你人偶上，喜歡的話，可以用油彩、黏土或其他造形土來增添細節。

需要物品：

六顆紫水晶、雪松薰香與香爐、火柴或打火機
白色絲質方巾或棉質手帕、小藍袋或束口袋
一茶匙歐白芷、一茶匙刺蕁麻

如何做

1. 從第七章選一種你偏好的方法來清潔水晶及人偶。

2. 歸於中心並接地。

3. 樹立魔法圈（見第一章 P.19）。

4. 點燃雪松薰香。

5. 將絲巾鋪在你的施法區。

6. 拿著人偶，口中念道：「你就是〔儀式要保護的人名〕。」

7. 將人偶放在白色絲巾的中央，六顆紫水晶以橢圓形圍繞著人偶。口中念道：**「你的身體已獲得保護。」**

8. 在人偶周圍撒歐白芷，口中念道：**「你的心已獲得保護。」**

9. 在人偶周圍撒刺蕁麻，口中念道：**「你的精神已獲得保護。」**

10. 小心捲起絲巾的邊緣與四角，將人偶、紫水晶、藥草包裹在內。將這一小包東西過香，口中念道：**「你由此獲得防禦，不會遭受到攻擊與不幸；你由此獲得保護，不會遭遇邪惡與痛苦。此事已成。」**

11. 小心將包裹好的人偶放進小藍袋中封好。將袋子擺在香爐旁，靜待香燃燒完畢。

12. 將袋子收到安全的地方。

13. 日後待時機到來時，點燃另一根雪松薰香，虔誠地打開袋子。取出包裹住的人偶放在你的施法區，小心打開，口中念道：**「支援魔法的效期已滿。感謝你允許我協助保護你。需要幫助的話就再度召喚我。」**去除迷你人偶的個人特徵，以鹽水清洗來幫助淨化。仔細清潔紫水晶，藥草料則拿去堆肥。

⬡ 小 提 示

● 這不是永久性的魔法，會隨著時間逐漸消褪。更重要的是，這也不該是永久性的魔法。雖然這個魔法能提供一段時間的魔力保護，但讓人們自行找出解決之道也很重要。

第七章
保護屬性的物品

萬物皆有能量。本章提出列表與參考資訊，關於藥草、寶石、符號和其它能提供魔法能量來支援保護法術的物品。這些資訊當然無法窮盡所有可能，只是選出特別與保護有關的常見實用例子。更多這類資訊，值得各位進一步研究與閱讀吸收，以協助微調你的防護魔法。舉例來說，你想施法保護你的財物嗎？請參閱特別與金錢或繁盛有關的藥草與寶石，並與你已經在使用、蘊含保護能量的寶石及藥草一起使用。

　　施展過本書的若干魔法後，你可能會想自行設計魔法。本章也能在這方面提供協助。更多關於自行製作魔法的資訊與深入討論，請參閱我的著作《Power Spellcraft for Life》。

與保護有關的色彩

要為你的生活添加保護能量，最簡單的一種方法就是色彩。在你開始前，請先了解這個重要事實：每個人對色彩的反應因人而異。請先探索自己與某個色彩的關係，再運用於魔法，這點很重要。舉例來說，如果你和我母親一樣，曾經有關於紅色的恐怖童年經驗，那用紅色來施展要讓你感覺安全、歸於中心的魔法實在不是個好主意。請花時間仔細思考你要運用的色彩，記下你對這些色彩的情緒反應。你可能會發現，例如對你來說，黃色才是與保護能量感應最強的顏色。

思考你與魔法用具的關聯

請務必思考你個人與各種魔法用具的關聯。使用既有的魔法但不使用其中的某些用具，或已經知道其中一些用具對你無效，這類資訊就是你避免失敗的祕訣。沒有必要再投入能量與時間在這類魔法中。你可以研究出一個替代魔法，或另找一個魔法來施展。

話雖如此，以下仍列出幾個經常與保護或防禦有關的色彩：

● 黑：驅逐負能量、吸收負力、擊退邪惡

● 白：淨化、舒緩、代表完整與新開始

● 藍：清潔、淨化負力、鼓勵真相與溝通

● 紅：力量、能量、遏止或去除某物

● 金：能量、成功、健康

其他能支持本書中某些領域魔法的色彩，包括：

- 黃：快樂與喜悅、明晰、溝通、旅途平安、居家幸福

- 綠：療癒、寧靜、財產／所有財、財物

- 褐：轉化、大地、財產

- 橘：富足、生涯、接納、自尊、積極

✦ 如何將色彩納入魔法？

除了使用以上色彩的蠟燭，你還能以哪種方式將與色彩有關的能量納入魔法中？方法多不勝數！以下是一些建議：

- 以色鉛筆、原子筆或馬克筆寫出魔法或其中的書寫部分

- 在你的施法區鋪一塊有顏色的布

- 穿戴與你正在進行的魔法有關色彩的衣服或首飾

- 如果魔法要使用繩線，請用有顏色的繩線

- 如果魔法要使用瓶或壺，請用有顏色的瓶或壺

具保護功效的水晶與寶石

本節列出的諸多礦石，即是書中魔法使用的礦石。這份簡便的礦石參考資訊，是列出最常使用於保護魔法的礦石，以及如何準備、運用礦石的資訊。

你可以從蒐集基本礦石做起。除了被指定用在某個正在進行中的魔

法，或裝進魔力袋或護符袋之外，通常你不需要將使用過的礦石丟棄或報廢，在許多時候，這些礦石是用來促進授能或加持的效果，但在那之後，它們仍可以重複使用。請從本章的程序中選一種方法來清潔礦石，再放回你的盒子或袋子中，以備日後施法使用。

以下的簡便參考資訊列出了最常使用於保護魔法的礦石。

|紫水晶 (Amethyst)|

紫水晶是一種紫色的石英，是保護身心、成功、防禦的理想用材，有助於揭示真理。據說紫水晶能防範酒醉及過度激動，讓你保持腦袋清醒。它能防範出其不意的攻擊、背叛，以及天氣變化。

|黑色電氣石 (Black Tourmaline)|

黑色電氣石有保護你不受破壞性能量侵襲的良好功效，還能提升你因應困境的自信與耐力。它能幫助你發現罪魁禍首在哪裡，還能防止他人無止盡地吸走你的能量。黑色電氣石不是只能擋回或使負能量轉向，還能將負能量轉化為可供使用的正能量。接地、淨化、舒緩壓力時皆可使用。

|白水晶 (Clear Quartz)|

白水晶是用途極廣的礦石，在保護魔法中是最基本的用材之一。它擅長保護身體、心智、心靈、精神不受負力干擾。這種多用途礦石在新世紀修行 (New age practice) 中廣受歡迎，因為它能如電池般運作，提供另一個能量來源。水晶會樂意提供給你它的能量，它也確實蘊含著豐沛的能量。白水晶是提升任何一種魔法的良好礦石。如果你為白水晶補充能量，來吸收負力，它也能發揮這項功能；水晶對指定用途或以特定意圖補充能量有很高的接受度。

|赤鐵礦 (Hematite)|

赤鐵礦是一種暗銀色礦石,有點像霧面鏡。它也如同鏡子,能有效擋回能量。赤鐵礦能用來將負能量從你身邊偏離,也有助於接通能量,所以當你覺得茫然或緊張的時候,可以使用赤鐵礦來加強你的勇氣、自信,使你更樂觀專注。

|孔雀石 (Malachite)|

孔雀石與自然環境有關。當出現不樂見的影響力時,孔雀石是這種情況下的良好用材,因為它能將那股能量轉化為有益的能量。它能過濾汙染、噪音和其他有害的環境效應,也能用來保護健康,加強療癒,同時促進平衡。對於與大地和旅行相關的工作,孔雀石特別具有優異的保護功效。

|黑曜石 (Obsidian)|

在受到驚嚇或創傷後使用黑曜石,特別有助於保護脆弱的能量,防止治療過程中受負力進一步干擾。它是一種防範負能量的基本礦石,能保護你不受悲傷、霸凌、幻覺(包括心理操縱與否定)侵擾,有助於使負力接地。它也能以這種方式支持你的自信與自尊。

雪花黑曜石 (Snowflake obsidian) 特別有助於保護避免產生毀滅性的思維,促使你脫胎換骨。這是一種有助於歸於中心並接地的礦石,能善加保護你不遭受心智、情緒、身體攻擊。它能幫助你釋放人與空間的負力,還能去除能量的阻礙。

|碧玉 (Jasper)|

碧玉有多種顏色,大多有加強勇氣、保護不身陷險境的功效。碧玉通常是做為忘憂石之用,能協助你保持平衡,甚至緩和情緒。紅碧

玉特別著重於正義、毅力、穩定、耐力，能防範物理威脅。褐碧玉尤其擅長持久守護你的能量，讓你在長期壓力沉重的情況下保持安全。

|粉晶 (Rose Quartz)|

粉晶是提升良好振動的終極礦石！它是一種美好的礦石，能吸引並加強正能量，同時驅除負力。它能用來促進愛、自尊、自我信任、安適。在多人場合中使用粉晶，有助於為所有參與者打造更好的緣分。這是適合為兒童與朋友施法的神奇礦石，也有助於療癒曾歷經情緒或精神創傷的情況，還能防範惡意的八卦。

|茶晶 (Smoky Quartz)|

茶晶有吸收負能量、防範負面思維的良好功效，能紓解壓力與驚慌，在你面對未知或危險情況時很有幫助。這是接地時的理想礦石，能幫助你重新聚焦，找回專注力。茶晶也如其他水晶般能吸收負能量，防範住家或車子遭竊，保護駕駛上路後不會碰到麻煩。它也擅長保護你在職場中不受敵意傷害，並能防範霸凌。

|虎眼石 (Tiger's Eye)|

虎眼石是與穩定、精力、接地有關的礦石，能保護你避開物理傷害與厄運，同時鼓勵你堅強有自信。它也是保護你不受他人負面思維影響的好礦石。

準備與淨化礦石

礦石是魔法中的實用元素，經過清潔並淨化後便能重複使用。清潔與淨化能將先前指定的能量和在施法過程中吸收的其他能量去除（別擔心，這不會去除它本身的能量）。礦石一旦淨化後，就能以煥然一新的姿態，隨時準備為下一個魔法使用了。

淨化礦石有幾種方法，如下：

|鹽|

淨化礦石的一個好方法，是將礦石埋進一小碟鹽裡一天以上，如果你覺得先前指定給那顆礦石的能量太強大，或它吸收了很多垃圾能量，那就埋在鹽中久一點。

檢查金屬含量

警告：含鐵量高的礦石對鹽的反應很差，所以請你先檢查鐵含量。同樣的，如果礦石上有任何金屬，也請選擇另一種方法清潔，因為鹽會破壞金屬。

你手邊的任何一種鹽都能使用。不過，你也許會想把較昂貴的鹽用在實際的魔法中。

|土|

請將礦石埋進一小碟土裡三天以上。可以直接使用你家庭院的土，拿盆栽土來用也很好。你也可以埋進室內盆栽中，拿一根牙籤做記號，時間到了就知道要從哪裡挖出礦石。然而，如果礦石中含有大

量負能量，請選用另一種方法，因為土會吸收那些負能量（以土淨化礦石的要點在這裡），但那些負能量會經由土壤被植物吸收。

|水|

瓶裝水倒到碟子裡，把礦石放入水中。水是絕佳的淨化劑。如果你加一點鹽到水裡，洗淨力會更強大。然而，如果有金屬附著或蘊含在礦石中，請跳過加鹽的步驟，使用純水就好。

|日光與月光|

把礦石放在窗臺上直接以日光或月光照射，就是最簡單的淨化技巧。請依你覺得礦石需要的淨化程度來判定要擺在那裡多久。把礦石擺在鏡子上能加強效果。

神明、聖人與天使

魔法不受宗教束縛，信仰任何宗教的人都能施展魔法。話說回來，在法術中召喚精神人物的傳統由來已久。本書沒有這麼做，是因為書中的魔法是要給各門各派的人使用的。如果你想召喚神明、聖人或天使來協助你的魔法，請逕行無妨。有時你僅需簡單加上一句：「**以〔宗教人物的名字〕之名，請成全**」就好了。

以下的宗教人物清單絕非完整名單，但能為你在保護魔法中要召喚的人物提出建議。然而，一開始就召喚你不熟悉的人物，並不是理想做法。最好能多加了解這位人物再來召喚，所以在不假思索地邀請神明之前，請先進行一些閱讀與研究。

| 基督教人物 |

以下是施展保護魔法時，可以召喚來助一臂之力的基督教人物。

● 大天使米迦勒 (Archangel Michael)：米迦勒與南方及火元素有關，通常描繪成穿盔甲、手持劍或權杖的形象。他是戰士，與正義、忠誠、防禦有關。

● 聖克里斯多福 (Saint Christopher)：與好運及旅行有關。

● 聖婦李達 (Saint Rita)：與孤單的人有關，她是受虐婦女、不幸婚姻、寡婦的守護聖人。

| 神祇與女神 |

許多神祇會被人們請求提供特定領域的助力。以下簡單列出不同文化中特別與防禦及保護有關的神。

● 雅典娜 (Athena)：（希臘）防禦性戰爭、智慧、戰略

● 貝羅納 (Bellona)：（羅馬）防禦、戰爭、成功

● 提爾 (Tyr)：（古斯堪地那維亞）成功、戰爭、秩序、法律

● 吉祥天女拉克希米 (Lakshmi)：（印度）好運、從困境中回復

● 毗濕奴 (Vishnu)：（印度）保護、保存、秩序

● 伊西絲 (Isis)：（埃及）婦女與兒童的保護者、療癒

● 荷魯斯 (Horus)：（埃及）保護、療癒

● 綠度母 (Green Tara)：（佛教）和平、保護、使負能量轉向

當你研究保護魔法中可以與哪位神合作時，請尋找與戰爭、和平、好運、健康或療癒、和諧等有關的神祇。如果你的保護魔法聚焦於特

定的議題，請研究與那個主題有關的神祇。舉例來說，如果你想保護自身財物，請尋找與金錢有關的神。

動物

　　許多文化都有召喚強大動物的能量或力量的習俗。以下是幾種與防禦及保護有關的動物，施法時可以召喚牠們的支援。

也請思考你的偏好

　　如果你和某種動物特別有緣，請召喚那種動物的協助，儘管牠未必與保護明顯有關。你與那種動物有某種淵源就夠了。

- 獅：勇氣、耐性、威力、精力；在許多文化中是守護的角色
- 龍：精力、勇氣、威力、好運、財富、變化
- 鷹：挑戰、勇氣、恢復力、明晰、智慧
- 狼：結群、照顧他人、導師、自由、直覺

具保護功效的藥草

　　藥草是利用大自然能量來促進保護，且非常容易的方法。藥草簡單低調、功能多樣，能帶來許多樂趣。

　　你的香料架除了鹽，可能早已擺有月桂、鼠尾草、迷迭香、丁香、

肉桂等藥草。蕁麻、雪松、杜松等在戶外就能找得到。歐白芷、芸香可能較難找，但都可以種植。其他植物則可能必須從藥草店購買或網路上訂購。

除非有特別指明，不然一般來說魔法使用的都是乾燥的藥草。如果你有新鮮藥草枝，但魔法要使用的是能放進袋子的乾燥藥草，你可以將香藥枝擺在鋪有烤盤紙的烤盤上，放進烤箱以低溫（不超過攝氏80 度）烘烤 90 分鐘至 4 小時，依其潮濕程度而定。請將烤箱門留一條縫，一小時後，每 15 分鐘就檢查情況一次。等到你的手指能捏碎葉子時取出烤盤，讓藥草靜置冷卻。輕盈或纖細的藥草枝會比厚重或粗大的藥草乾得快。

等藥草全乾了以後，你可以整株放進密封罐裡儲藏，或從莖上把葉子取下壓碎後，放進香料罐中。

魔法用的藥草要分開儲放嗎？

有必要把烹飪用的藥草與施法用的藥草分開儲放嗎？由你決定即可。有些人會分開，有些人不會。如果你覺得從食物儲藏室的香料罐取一勺迷迭香並無不妥，那就逕行無妨。反正還是會先淨化過再使用。如果你覺得不自在，那也沒關係，請為你的魔法另留一份藥草。

以下是幾種基本的保護性藥草。

|歐白芷|（Angelica，學名 *Angelica archangelica*）

歐白芷有強大的保護能量，能用來抵擋病痛、厄運、邪惡，保護住家，也能加強個人勇氣，尤其是你的地位必須維持道德、正直的時

候。歐白芷可以當成強力的保護護飾隨身攜帶。種植在庭院裡的歐白芷，則能將保護能量延伸到房屋與地產。

|月桂葉| （Bay Leaves，學名 *Laurus nobilis*）

月桂樹的葉子具有優異的保護功效，能加強智慧、去除負力、增添好運、招財。月桂也用來守護健康及祝賀勝利。

|雪松| （Cedar，學名 *Cedrus spp.*）

雪松是強力淨化劑，能清除負力，留下非常正面的能量。它有助於提供保護，隔絕不樂見的影響，驅逐邪惡，促進正力與善心，還能支援療癒。磨碎的雪松木、乾燥並切細的雪松葉，或是切碎的雪松樹皮等都能使用。

|肉桂| （Cinnamon，學名 *Cinnamomum verum*、*Cinnamomum-cassia*）

肉桂對保護、活動、能量、金錢、療癒、愛等的魔法很有效。你可以在需要強力能量與行動的魔法中加一點肉桂。

|丁香| （Clove，學名 *Syzygiumaromaticum*）

丁香是阻止謠言與八卦、保護名聲避免遭到不公指控的出色用材。它能招來好運，促進繁榮與正面的財務往來，還具有療癒的能量。

|大蒜| （Garlic，學名*Allium sativum*）

　　大蒜能加強決心，鼓勵你勇敢，還能防範邪惡，改善並保護健康。隨身攜帶大蒜能防止能量遭竊，無論是有意或無意的竊取。將編織成串的大蒜掛在家裡，可以吸走負力與不幸。新鮮或乾燥大蒜皆可使用。

|杜松| （Juniper，學名*Juniperus communis*）

　　杜松有強大的保護能量，能有效防範任何類型的竊盜及意外。杜松可招來好運、支援健康、減少焦慮，促進專注力與明晰度，及助於淨化。你可以使用磨碎或切片的杜松木、切碎的樹皮，或使用杜松果。

|檸檬| （Lemon，學名*Citrus limon*）

　　檸檬能淨化、明晰，能加在追求喜悅與清晰溝通的魔法中。它能有效驅除渾濁或遲滯的能量，還能使負力轉向。依你使用的魔法而定，你可以使用新鮮檸檬、檸檬汁或乾檸檬皮。

|蕁麻| （Nettle，學名*Urtica dioica*）

　　刺蕁麻在防禦性魔法中的功效一流，尤其是逆轉並將能量送回源頭的魔法。人們也用蕁麻進行與療癒、勇氣、避免危險有關的魔法。使用新鮮蕁麻時要戴手套，一般多使用乾燥切碎的蕁麻。

|洋蔥| （Onion，學名*Allium cepa*）

　　洋蔥能用來保護與除魔，還能驅逐病痛與負面影響力。洋蔥吸收負能量的能力，使其成為防禦型魔法的常見元素。

|迷迭香| （Rosemary，學名*Rosmarinus officinalis*)

迷迭香是進行保護、去除負能量、加強記性的良好用材。也請以迷迭香來加強正面思維，能為任何一種魔法帶來好處！這種藥草能加強自信、消除負力。

|芸香| （Rue，學名*Ruta graveolens*)

芸香又稱臭芙蓉，自古以來便與保護、驅逐、防護有關。可以用芸香枝將福水或其他浸劑灑在人身上或空間，這種做法稱為灑水禮。你也可以在門窗上懸掛芸香枝來驅逐病痛、不幸與負能量。

|鼠尾草| （Sage，學名*Salvia spp.*)

鼠尾草是任何淨化方式的絕佳用材。傳統的煙燻棒便是以鼠尾草製成，或以鼠尾草為基底添加其他淨化藥草。種植鼠尾草據說能延年益壽，因此在與療癒或加強健康有關的魔法中特別有效。鼠尾草的靜心功能也甚佳，還與興旺、智慧、生意有關。事實上，羅馬字「salvia」意指「保護、拯救或療癒」。

任何形式的鼠尾草都能使用。最常見的種類是烹飪用鼠尾草。藥用鼠尾草（學名 *Salvia officianalis*）在超市的香料架上很常見。在魔法用品店還找得到白鼠尾草（學名 *Salvia apiana*）、藍鼠尾草（學名 *Salvia clevelandii*）、紫鼠尾草或薰衣鼠尾草（學名 *Salvia leucophylla*）、黑鼠尾草（學名 *Salvia mellifera*）等。不過，不是所有稱為鼠尾草的都是鼠尾草屬；購買前請先再三確認其拉丁文名稱。

| 鹽 |

鹽是進行保護魔法的必備原料。技術上來說，鹽是一種礦物，但因為可食用、隨處可見、使用方便，所以往往被歸為藥草類。

鹽能吸收並束縛能量，尤其是負能量。在洗澡水中灑一點鹽，有助於驅除附著於身體的負能量。將物品放進一碗或一碟鹽中，能驅逐物品內的不純能量。要吸走房間裡不樂見的能量，只要將一碗鹽放在房裡即可。只要是曾用來進行清潔淨化的鹽，就不該再重複使用，要處理掉鹽，可以慢慢倒進水槽任流水沖走。

黑鹽 (Black salt) 傳統上是普通的鹽與鐵混合製成，市面上也買得到這種鹽。若要自行製作，可以從鑄鐵鍋或平底鍋銼下一點鐵屑，或在鹽裡混入火爐燃剩的灰。夏威夷黑鹽 (Hawaiian black salt) 是以夏威夷海鹽混合粉狀椰殼炭製成，被歸類為食用等級，所以沒有使用上的危險。你也可以使用喜瑪拉雅玫瑰鹽 (Himalayan salt)，不過普通的鹽功效都不下於上述的鹽。

鋪路鹽 (Road salt) 僅能用來鋪路

請不用使用道路防結冰用的鹽。這種形式的礦鹽不夠純淨，往往混合了抗結冰劑或其他除冰用的化學藥劑。也就是說，除非你是要保護人冬天時不會在你家車道、走道、階梯上滑倒受傷，否則不應使用這種鹽！

如何準備並使用藥草

使用寶石前應先淨化，藥草亦然。然而，兩者要淨化的程度不同，因為寶石在積聚能量上扮演的角色不同。使用藥草前，請先以下列步驟簡單淨化後再使用：

1. 歸於中心並接地。

2. 雙手在藥草上方交握。

3. 從大地汲取能量，讓能量順著手臂流下，從雙手進入藥草中。

4. 口中念道：「這股能量已將你淨化，洗淨了任何不屬於你的能量。」

5. 這株藥草已經可以使用了。

淨化過的藥草可以儲藏起來，日後取出使用之前，還是可以先感受一下它的能量，看看是否需要再淨化一遍。如果有疑慮，就再淨化一次，反正過程迅速，且有益無害。

無論是施法時撒在焦點物品四周，還是放入魔力袋，本書中的各種魔法都是以藥草來增加能量。不過，藥草還有其他用途。

|浸泡與熬煮|

你每回泡茶時，就是在製作浸劑。浸泡就是把藥草浸入到夠熱的水中，只要一下子便能萃取出其精華。如果把藥草放進水中煮，則是熬煮。浸泡或熬煮產生的液體，過濾後能進行各式各樣的用途，如擦淨物品、牆壁或地板；塗抹身體或頭髮；或是裝進噴瓶噴灑。浸泡或熬煮出來的液體可以倒入密封瓶罐中，放進冰箱儲存幾天。

|浸泡藥草油|

藥草油是將藥草泡進橄欖油或葵花油等油中製成。製作藥草油最簡單的方法是把乾燥藥草切細，放進乾淨的罐子裡，緩緩倒入充足的油來浸泡。請攪拌材料，確保藥草完全浸入油中，然後旋緊蓋子輕輕搖晃。將罐子放在陰涼的地方，每隔兩三天就搖晃幾下。三週後，檢查浸泡的成果如何。藥草總共要浸泡在油裡六週，讓油變得更濃稠，要等油萃取出花草精華需要一些時間。六週後，以乳酪濾布或其他濾布將油濾進乾淨的儲藏瓶中，盡量擠壓藥草，讓精華浸入油中。貼上標籤並蓋上儲藏瓶的蓋子。請在一年內使用完畢。這些油可以用來在門窗、牆壁或其他物品上畫保護符號，或是塗抹身體，也能放入洗澡水中（肉桂有刺激性，要小心）。

|薰香|

棒狀或錐狀的薰香是最方便取得的薰香，是由木材磨成粉後壓製而成（棒狀薰香是在細木棒上塑型），接著薰香棒或錐（塔香）會浸入混好的油中，浸泡出香氣。

你可以用藥草與樹脂自行製作薰香，然後以新世紀商店、民族特色商店、教會香舖中隨處可見的碳餅焚燃。你也可以直接以炭焚燃乾燥藥草，但味道通常很濃，也會很快變脆粉碎。將乾燥藥草料混合乳香等樹脂粒，能讓味道變甜，加強保護或淨化的能量，也能焚燃得略久一些。乳香粒在新世紀商店和教會香舖都找得到，也能從網路上訂購。你也可以在薰香中加幾滴精油。請寫下你混合的配方，以便日後調整或重複使用，如果你做出的分量較多足以儲藏，請在儲放薰香的罐子貼上清楚的標籤。

| 噴灑用粉 |

藥草粉是乾燥藥草磨細而成，你可以拿研缽與研杵親手搗細，或拿磨豆機來專門研磨藥草（如果不是專門用來磨藥草的話，你的藥草會混進咖啡，咖啡也會混進藥草！）。你可以把粉當成單一材料使用，先混合藥草再磨細，或是磨細後再混合皆無妨。

噴灑用粉有助於淨化空間。你可以把粉灑在地板上，讓粉多停留片刻，待其發揮能量功效後，再掃起來丟到屋外。你也可以在要使用乾燥藥草的魔法中使用藥草粉，或是灑在門階，或用來保護你的戶外地產。在細麵粉或玉米粉中混入一撮（或更多）藥草粉，可以當成爽身粉使用，還能用來撢床單的灰塵，或做為地毯除臭劑。

| 百花香料 |

百花香料是指在碗或瓶裡簡單混合成的乾燥藥草料，有時再加上一兩滴精油加強功效。你可以依魔法能量的特性或味道怡人與否來選擇要混合哪些藥草。舉例來說，你可以混合氣味芬芳的乾燥玫瑰花瓣、檀香片、乾燥康乃馨花瓣，然後加一撮肉桂、少量迷迭香、幾片月桂葉來增添保護特性。

保護性符號

符號是一種速寫，指定特定能量或關聯性來創造多層意義的設計。就像書寫文字會傳達意義，符號也會傳達意義。符號可以用來辨識，也能用來授能。

在魔法中，符號是用來祝福、驅逐、保護，還能吸引或驅逐特定能量。以下為不同文化所使用的符號，在某方面都與防禦及保護有關。

✦ 盧恩符文

盧恩符文 (Runes) 是日耳曼符號，不完全是文字，有一部分是字母，一部分是天機，一部分是詩。每個盧恩符文除了具有語言學價值外，也能做為魔法符號與占卜之用。「盧恩」(Rune) 這個詞的意思是「祕密或隱藏的事物」，突顯了其玄奧淵源。每個盧恩符文都體現了一首短詩中的不同精神奧祕，必須經過個人的研讀與冥想，才能領悟其真義。我們很幸運擁有這樣一套速寫，數個世紀下來，每個盧恩符文都已累積了一組意義。

不同地方、不同年代的盧恩字母，有不同的相關含意，但彼此之間仍有驚人的相似性。最早，可能也是今日最常使用的盧恩符文，是使用於公元 150 至 800 年間的古弗薩克文（Elder Futhark）。

以下是六個古弗薩克的盧恩符文，可以使用在保護型魔法中。

|奧吉茲 (Algiz)|

奧吉茲（有時又稱艾華茲〔Elhaz〕）是古弗薩克文中與保護最有關的盧恩符文。它的形狀據說代表紫杉 (Yew tree)，紫杉與永恆、知識、防範邪惡侵襲有關。奧吉茲也代表宇宙的力量；神聖庇佑；給自己、家人及朋友的保護。換句話說，在保護魔法中，這是很棒的萬

用盧恩符文，能用來保衛你的健康，維護你的福利，加強你對壓力與攻擊的抵抗力。

|瑟伊薩茲 (Thurisaz)|

瑟伊薩茲是代表力量的盧恩符文，在針對力量、爭端、武力、防禦、打破障礙等的魔法中效力超強。要抵抗對立勢力，發揮戰士的意志來保衛自己與我方勢力時，這是很好的符號。

|愛瓦茲 (Eihwaz)|

愛瓦茲是代表穩定與力量的盧恩符文，可用在聚焦於耐力與持續的能量流動的魔法中。它與個人保護、保護個人權益息息相關。在長途旅行中使用，可以確保資訊往來暢行無阻。它也與狩獵及求生有關。

|萊多 (Raidho)|

萊多是與旅行、運動有關的盧恩符文，包括掌控你的旅途、常識、自信，以及採取行動而非保持被動，使其成為旅行相關魔法的良伴。

|提瓦茲 (Tiwaz)|

提瓦茲是代表正義，為正義而戰的盧恩符文，試圖以秩序來平衡渾沌混亂。它在與法律事務、正義、行動主義等有關的魔法中能發揮良好功效。使用這個盧恩符文，可以保護你避免在負面影響下動搖堅守個人道德的決心。在有人闖入家裡、竊盜時你必須保衛自己不受侵擾或犯罪侵犯的情況下，它也能發揮良好功效。它還有助於你在混亂局勢中保持自信。

|歐瑟拉 (Othala)|

歐瑟拉是代表繼承、地產、家庭的盧恩符文，是你想保護房屋與住家時的好選擇。家人包括祖先，這表示你可以借祖先的力量與能量來保護家庭成員及住家，同時保護你的財產。

複合式盧恩符文

使用盧恩符文的歷史有多長，使用複合式盧恩符文的歷史可能就有多長。複合式盧恩符文是指沿同樣的軸線或一次交疊兩個以上的盧恩符文來形成單一符號。這樣能結合每個符文表達的能量。例如：左圖結合奧吉茲與萊多能創造出旅途平安的盧恩符文。

|圓 (Circle)|

　　圓是十分簡單的形狀，但有許多正面的聯想。圓沒有負能量能聚集的角落。圓可以做為屏障，將事物安全地保護在內，或避免攻擊入侵。圓也象徵著團結。

魔符 （Hex signs）

　　美國賓州南方的蘭開斯特縣，自 19 世紀中期以來就有在屋子與穀倉外牆懸掛或繪製日耳曼魔符的做法。據說這類魔符是源自傳統民間藝術，但其中潛藏著能量，通常做為保護符號或能吸引或驅逐某些能量的符號。早期的例子包括在圓圈中畫星星，圓圈與星星都是保護符號；星星有五角、六角、八角等幾種。

|星星／五角星 (Star/Pentacle)|

　　五角星在許多魔法修行與基督教等信仰體系中是用來做為秘修符號。它是一種保護符號，五角據說代表著人體的頭與四肢。異教傳統認為下方的四個角代表地、風、火、水四大元素，頂端的角則代表凌駕四大元素的第五元素「空（Spirit）」。

|太陽十字 (Solar Cross)|

太陽十字是圓圈中有一個四邊等長十字的符號，象徵平衡、專注、冷靜，適合在保護的封印魔法時使用的絕佳符號。

|荷魯斯之眼 (Eye of Horus)|

荷魯斯之眼是古埃及的保護與健康符號，據信能避凶擋惡，通常用來做為喪葬用的護飾，保護冥界中的法老，也會畫在船身上幫助人們在海中安全航行並歸港。你可以用來施展與旅途平安、保護物品、促進療癒有關的魔法。

|法蒂瑪之手(幸運之手) (Hand of Fatima/Hamsa)|

這類與力量、祝福、保護有關的護飾大多呈手形，中世紀時人們會當成首飾掛在身上，或掛在門窗上。幸運之手可以是非常簡單的符號，也可以裝飾得十分華麗。

|科尼賽洛／科涅托／科爾諾 (Cornicello/Cornetto/Corno)|

科尼賽洛／科涅托／科爾諾在義大利文中的意思是「小角」，人們會佩戴這種護飾或護符來進行趨吉避凶的一般保護。在那不勒斯，這種護飾也稱為科尼歇洛（Curniciello，有多種拼法）。這種護飾有時也稱為義大利角 (Italian horn)。

|個人符號|

你可以自行設計保護符號。請試著將字母結合你認為與保護有關的字詞，將多餘的線條刪掉，最後留下你能調整來施法的形狀。你可以自行塗繪，勾勒出你覺得實用的形狀。請畫一個圓圈在其中繪製符號，或進行第一章的保護儀式後再來繪製符號，以減少分心，改善你的施法專注力。

你可以先練習看看，針對本書探討的領域設計自己的保護魔符或符號：身體與心靈、房屋與住家、家庭與朋友、出門在外等。一面沉思主題，一面塗繪符號。

參考書目

Alexander, Skye. *The Everything Spells and Charms Book: Cast Spells That Will Bring You Love, Success, Good Health, and More*. Avon, MA: Adams Media, 2008.

Aswynn, Freya. *Northern Mysteries and Magick: Runes & Feminine Powers*. Second edition. St. Paul, MN: Llewellyn Publications, 1998.

Beyerl, Paul. *Compendium of Herbal Magick*. Blaine, WA: Phoenix Publishing, 1998.

———. *The Master Book of Herbalism*. Blaine, WA: Phoenix Publishing, 1984.

Carmichael, Alexander. *Carmina Gadelica: Hymns and Incantations (Ortha Nan Gaidheal)*. Volume I. Edinburgh: T. and A. Constable, 1900. www.sacred-texts.com/neu/celt/cg1/index.htm.

Cunningham, Scott. *Cunningham's Encyclopedia of Crystal, Gem, and Metal Magic*. St. Paul, MN: Llewellyn Publications, 1988.

———. *Cunningham's Encyclopedia of Magical Herbs*. Second edition. St. Paul, MN: Llewellyn Publications, 2000.

———. *Magical Herbalism: The Secret Craft of the Wise*. St. Paul, MN: Llewellyn Publications, 1983.

Eason, Cassandra. *Cassandra Eason's Healing Crystals: An Illustrated Guide to 150 Crystals and Gemstones*. London: Collins & Brown, 2015.

Griffiths, Bill. *Aspects of Anglo-Saxon Magic*. Norfolk, UK: Anglo-Saxon Books, 2003.

Herr, Karl. *Hex and Spellwork: The Magical Practices of the Pennsylvania Dutch*. York Beach, ME: Red Wheel/Weiser, LLC, 2002.

Illes, Judika. *The Element Encyclopedia of 5,000 Spells: The Ultimate Reference Book for the Magical Arts*. London: Element Books, 2004.

Lecouteux, Claude. *Traditional Magic Spells for Protection and Healing*. Rochester, VT: Inner Traditions, 2017.

Melody. *Love Is in the Earth: A Kaleidoscope of Crystals*, Updated. Wheat Ridge, CO: Earth-Love Publishing House, 1995.

Murphy-Hiscock, Arin. *Power Spellcraft for Life: The Art of Crafting and Casting for Positive Change*. Avon, MA: Provenance Press, 2005.

———. *The Way of the Green Witch: Rituals, Spells, and Practices to Bring You Back to Nature*. Avon, MA: Provenance Press, 2006.

RavenWolf, Silver. *American Folk Magick: Charms, Spells, and Herbals*. Second edition. St. Paul, MN: Llewellyn Publications, 1999.

———. *Silver's Spells for Protection*. St. Paul, MN: Llewellyn Publications, 2000.

筆畫索引

國家圖書館出版品預行編目 (CIP) 資料

防護魔法全書：化解負能量、厄運、小人！讓你常保神清氣爽、
消災解難的 100 多種日常魔法 / 艾琳．墨菲 - 希斯考克 (Arin
Murphy-Hiscock) 著；謝汝萱翻譯 . -- 初版 . -- 新北市：大樹林出
版社 , 2022.03
　　面；　　公分 . -- (療癒之光；2)
譯自：Protection spells : clear negative energy, banish
unhealthy influences, and embrace your power
ISBN 978-626-95413-2-4（平裝）
1.CST: 巫術
295　　　　　　　　　　　　　　　　　　111000428

大樹林學院官網

大樹林學院微信

大樹林芳療諮詢站 LINE

療癒之光 Healing Light 02

防護魔法全書：化解負能量、厄運、小人！
讓你常保神清氣爽、消災解難的 100 多種日常魔法

作者／艾琳．墨菲–希斯考克（Arin Murphy-Hiscock）
翻譯／謝汝萱
總編輯／彭文富
編輯／王偉婷
內文設計／張慕怡
封面設計／比比司設計工作室
校對／12 舟
出版者／大樹林出版社
營業地址／235 新北市中和區中山路二段 530 號 6 樓之 1
通訊地址／235 新北市中和區中正路 872 號 6 樓之 2
電話／(02) 2222-7270　傳真／(02) 2222-1270
網站／www.gwclass.com
E–mail ／ notime.chung@msa.hinet.net
FB 粉絲團／www.facebook.com/bigtreebook
發行人／彭文富
劃撥帳號／18749459　戶名／大樹林出版社
總經銷／知遠文化事業有限公司
地址／222 深坑區北深路三段 155 巷 25 號 5 樓
電話／(02)2664-8800　傳真／(02) 26648801
初版／2022 年 3 月

定價／380 元・港幣 127 元　　ISBN ／ 978-626-95413-2-4　　版權所有，翻印必究
◎本書如有缺頁、破損、裝訂錯誤，請寄回本公司更換 Printed in Taiwan